歴史のIF《もしも》

本郷和人
Kazuto Hongo

JN082438

はじめに

私たちは「歴史にＩＦ（もしも）はない」と教えられ、「もしあのとき、こうだったら」と考えることは意味の無いことだと理解してきた。

たとえば太平洋戦争における敗戦。もう勝つ見込みはない、と分析されていた昭和十九年の段階で「もしも」降伏していたら、沖縄の悲劇はなかったし、原爆の投下もなかった。そこで亡くなった多くの人は命を失わずに済んだ。そして失われた命は、二度と戻らない。

歴史にＩＦはない、と強調するのは、歴史が科学であると言いたいがためだと思われる。戦前、歴史学は歴史が物語であることを重視する「皇国史観」に支配された。天皇は正しくすばらしい存在であるという認識を軸に様々な歴史事象が語られてきた。それは検証という作業を頑《かたく》なに拒絶した。

そうした歴史学が敗戦への道に連なる思想的な手助けをしたことは間違いがなく、それゆえに戦後の歴史学は、検証を必須の手続きとする科学であることを選択した。主観ではなく、客観。雄渾《ゆうこん》な物語より冷静な分析。そこには「ＩＦ」が介在する余地はなかった。

もちろん、僕も客観的な歴史分析の重要性を否定するつもりはない。大きな歴史の流れが社会やコミュニティの生産構造を基礎としていることは、疑いようがないという立場に立っている。だから太平洋戦争は、経済力に圧倒的な差があった以上、いくつかの戦場で勝利が逆転したにせよ、日本は、結局はアメリカに敗れたであろうと考える。

だが、先述したように、たとえば権力者たちの決定は、一人の人間の命をたやすく左右することができる。少しでも早く敗戦の屈辱を受け入れていれば、死なないですんだ人が確実に存在した。

今般のコロナ騒動では「人命にまさるものなし」と有識者の多くが叫んでいた。それはおおむね正しい、と日本人一般が認めたからこそ、経済的収益の消滅や不自由の受容など様々な困難があるにもかかわらず、私たちは非常事態宣言に従ったわけだ。

人命よりも大切なものがあると普通に考えられていた太平洋戦争以前ならまだしも、人命が重く重く受け止められる現在において、こうした権力と人命の関係を再考してみれば、

「歴史のＩＦ」を考えることに一定の意味があることは、自明であるといえよう。
そこで本書では、私の専門である日本中世において、もしあのときこうだったら、さて歴史はどう動くか、を考えてみた。楽しんでいただきたい。

令和二年十月

本郷和人

A、鎌倉時代のIF《もしも》

第1章　もしも、石橋山《いしばしやま》で、梶原景時《かじわらかげとき》が「源頼朝《みなもとのよりとも》を見つけたぞ！」と叫んでいたら…

第4章 もしも、後《ご》二《に》条《じょう》天皇が若くして亡くならなかったら…

B、室町時代のIF《もしも》

第5章 もしも、足利尊氏《あしかがたかうじ》が大好きな後醍醐《ごだいご》天皇に反逆しなかったら…

第6章　もしも、足利義満《あしかがよしみつ》がもう数年生きていたら…

第7章　もしも、畠山持国《はたけやまもちくに》が、男としての自信にあふれていたら…

C、戦国時代のIF《もしも》

第8章 もしも、「あの人」が長生きしたら、早く死んだら、早く生まれたら…

第9章 もしも、浅井長政《あさいながまさ》が織田信長を裏切らなかったら…

第10章 もしも、「本能寺の変」のとき、織田信忠《のぶただ》が逃げていたら…

D、関ヶ原の戦いのIF《もしも》

目次

Ａ、鎌倉時代のＩＦ《もしも》

第1章　もしも、石橋山《いしばしやま》で、梶原景時《かじわらかげとき》が「源頼朝《みなもとのよりとも》を見つけたぞ!」と叫んでいたら…

「石橋山の戦い」は、追い詰められた源頼朝の必死の行動だった

歴史を紐解いてみると、一見些細《ささい》に見える出来事が、後の世情を大きく変える転換点になることがあります。

もし、一一八〇年の石橋山《いしばしやま》の戦いに敗れた源頼朝《みなもとのよりとも》（一一四七―一一九九年）を、梶原《かじわら》景時《かげとき》（一一四〇?―一二〇〇年）が匿《かくま》っていなければ、日本の歴史は少なからず変わっていたのではないか。そう僕は思っています。

この事件をご説明するため、石橋山の戦いに至るまでの背景を、まずは解説していきます。

鎌倉幕府を開いた人物として知られる源頼朝は、源義朝《みなもとのよしとも》（一一二三―一一六〇年）の

三男として生まれ、源氏の跡取りとして大切に育てられます。

三番目の息子なのに、頼朝が跡継ぎとなった理由は彼の母親にあります。頼朝の母親は、後白河《ごしらかわ》天皇にも仕える熱田大宮司《あつただいぐうじ》の一族出身で、貴族として極めて地位の高い女性であり、源義朝の正妻でもありました。

その女性から生まれた源頼朝は、兄たちをさしおいて、高貴な血を引く後継者として生きることが定められていたのです。

そして、平治《へいじ》の乱で父・義朝が討たれた後、源頼朝は十三歳のときに、平清盛《たいらのきよもり》（一一一八―一一八一年）によって伊豆国《いずのくに》に流されました。

当時は、平清盛を中心とした平家が栄華を誇っており、絶大なる権力を振るっていたのですが、そんな平家至上主義の社会に対して、反発を抱く人も生まれていきます。

「これ以上、平家の横暴を許しておけない。平家を討つ！」として、近畿地方で立ち上がったのが、後白河法皇（一一二七―一一九二年）の皇子《おうじ》である以仁王《もちひとおう》という人物です。彼は、打倒平家のため、全国の有力な源氏たちに自分と共に戦うように呼び掛けた「以仁王の令旨《りょうじ》」を出しました。

ところが、その情報を早期につかんでいた平清盛は、「全国の源氏を討て」と全国の武士に命令を下します。

源氏の血筋の中でも後継者として育てられていた頼朝が、第一の討伐の対象になることは火を見るよりも明らかです。自分が動いて挙兵しなければ、いつ平家に味方する武士に殺されてもおかしくない。そこで、追い詰められた頼朝は、一一八〇年に挙兵を果たしたのでした。

歴史上「兵を挙げる」「挙兵する」とされる行為とは、その国の国衙《こくが》、すなわち、現代の県庁を占領することを意味します。伊豆半島ならば「伊豆国は俺のものだ」と主張し、その国の権力者を倒し、国衙を占領することが、「挙兵」を意味します。

頼朝は、一一八〇年に、伊豆の山本兼隆《やまもとかねたか》を打ち取ります。兼隆は、「伊豆守《いずのかみ》」などのいわば県知事的な人物ではありませんでしたが、伊豆の国衙に君臨していて、同地の権力者でした。出身も平家一門で、当時の伊豆では一番影響力のある人物だったと言えるでしょう。

その山本兼隆を打ち取り、伊豆国を自分のものにしたことが、源頼朝にとっての挙兵でした。

ところが、伊豆国というのは、それほど大きいものではありません。

源頼朝は伊豆半島の支配者に留まるのではなく、より広い世界、すなわち関東へ出たかったため、三浦半島にいた三浦氏《みうら》に連絡を取ります。三浦氏は、現在の神奈川県である相《さが》模国《みのくに》における有力な武士で、昔から源氏や頼朝とも関係性のある人物でした。

三浦氏から助けを得ることで、関東を制覇する。そんな野望を持って、頼朝は伊豆を出て、関東制覇を目指して東へと進んでいきました。

三〇〇人vs三〇〇〇人――圧倒的な兵力差

しかし、相模国には、三浦氏以外にも有力な武士がいます。その一人が、大庭景親《おおばかげちか》です。大庭氏は茅ヶ崎《ちがさき》付近に本拠地を持つ武士で、同地域に「大庭御厨《みくりや》」という一種の荘園を領有していました。

大庭氏は、三浦氏と同様に源氏と深いつながりが持っていたものの、一方で平家とも交流がありました。

源頼朝を討伐すれば、平清盛から褒美《ほうび》がもらえるだろう……という計算が働いたのでしょう。大庭氏は三浦氏のように頼朝の味方になることを選ばず、平家のために頼朝を討つという選択肢を取ったのです。

当時の感覚から見れば、大庭氏のこの判断は、決しておかしなものではありません。ほかの相模国の武士たちも同じ考えだったのか、彼らは大庭景親をリーダーとして、源頼朝を討つために集結。三浦半島よりも東へと進もうとする頼朝軍の前に立ちはだかりました。その結果、現在の神奈川県箱根《はこね》町あたりにある石橋山で起こった武力衝突こそが、冒頭でも言及した石橋山の戦いです。

鎌倉幕府の歴史書である『吾妻鏡《あづまかがみ》』によれば、このとき頼朝に味方した兵は三百人ほど。一方、大庭景親をリーダーとした武士集団の兵の数は、三千人ほど。約十倍近い兵力差があったと言われています。

頼朝の兵力の数字については、最初に頼朝が挙兵した際、兵の数は五十人か六十人だったはずなので、伊豆での挙兵成功を経て、少し味方が増え、兵力が三百人になったというのは、理解できます。

それに対して、大庭氏の軍勢が三千人だったという表現は、当時にしてはやや多過ぎる気もしますが、間違いないのは、この時の大庭氏が頼朝よりもはるかに優勢な軍勢を率いていたことです。

戦争は、兵士の数で勝敗が決まります。両者がぶつかりあった結果、兵力の多かった大庭景親とその仲間たちが勝利し、頼朝はボロ負けしました。

この時の頼朝がいかに危機的状態に陥っていたかは、頼朝の義兄（妻・政子《まさこ》の兄）である北条宗時《ほうじょうむねとき》の戦死からも明らかです。

当時の頼朝を支えていたのは、頼朝の妻の父、すなわち、頼朝の義父である北条時政《ほうじょうときまさ》（一一三八―一二一五年）でした。その時政の息子であり、北条家の跡継ぎである宗時も、石橋山の戦いに参加していました。

父である北条時政は生き残りますが、彼の息子である宗時は戦死を遂げます。総大将の源頼朝に立場が近い重要人物が戦死したということは、それだけ戦況が危機的なものだったということ。頼朝が戦死していても、全然おかしな話ではありません。

戦《いくさ》が終わった後、大勝利を遂げた大庭景親たちは、「頼朝はどこへ行ったのか」「奴の首を取れ」と頼朝を探します。ところが、頼朝はなかなか見当たらない。

このとき、追っ手を逃れた源頼朝は、大木《たいぼく》の洞《うろ》のようなところに隠れて、ひっそりと息をひそめていたと言われています。

先祖の代から源氏の家来だった梶原景時

ここで登場するのが、鎌倉の近くに本拠地を持つ武士であった梶原景時です。石橋山の戦いでは景時は大庭景親に味方をしていたものの、梶原の祖先は源氏とは深い関わりを持っていました。

平安時代後期に鎌倉権五郎景政《かまくらごんごろうかげまさ》という武士がいたのですが、この人は一〇八三年の「後三年の役」で源氏に味方し、共に戦いました。この景政の子孫が、梶原景時です。

少し話が脱線しますが、景時の先祖であるこの鎌倉権五郎景政という人には、ある有名な逸話があります。

後三年合戦のとき、敵方から飛んでくる矢に、鎌倉権五郎は片目を射られてしまった。命には別条はなかったものの、先ほどの話にも出てきた相模国の三浦氏のご先祖である三《み》浦為継《うらためつぐ》という武士が、「これは大変だ」と、権五郎の眼に刺さった矢を抜こうとしました。

ただ、矢はかなり深く眼に突き刺さっていたので、少し引っ張った程度では抜けそうにない。どこかにしっかりと足場を作り、全力で矢をひっぱる必要がありました。そこで、足場を探した三浦為継は、権五郎の顔を踏みつけ、矢を抜こうとしたそうです。

すると、権五郎は大変な剣幕で、「武士の顔を踏みつけるとは何事だ！」と斬り合うばかりに怒った。三浦為継は「悪かった」と慌てて謝り、急いで矢を抜いたという話があります。その時に、権五郎は片目を失ってしまったそうです。

僕が以前から気になっているのは、昔から神を見る「審神者《さにわ》」と言われる人は、片目をわざと潰されるケースが非常に多い。つまり、審神者は潰された片目、すなわち見えないほうの眼で神様を見て、交信すると考えられていたのです。

片目と神のつながりは、これだけではありません。

刀鍛冶《かたなかじ》など鉄を作る人たちは火の神様を信仰していますが、この神様も片目です。これは、鍛冶の人々は火の具合を見るときに片目をつぶるからだと考えられています。

こうした「審神者」や火の神様の事例を考えると、片目と神様と言うのは何かしら関係があるような気がしてなりません。

そして、鎌倉には御霊《ごりょう》神社という神社があります。これは亡くなった人を慰める慰霊のための神社なのですが、そこに祀《まつ》られているのが、この鎌倉権五郎なのです。

彼がここに祀られている理由は、どうやら、「御霊《ごりょう》」と「五郎《ごろう》」の音が似ているから、というダジャレのような説があります。ただ、片目であったことも、もしかしたら理由の一つなのではないかと僕は密かに思っています。

梶原景時の機転で九死に一生を得た

さて、話は、石橋山の戦いに戻ります。

石橋山の合戦の後、敵方の大将である源頼朝をみんなが血眼《ちまなこ》になって探しているとき、鎌倉権五郎の子孫である梶原景時が、木の洞に隠れていた源頼朝をたまたま見つけます。その時、景時は功を立てるために「頼朝を見つけたぞ!」と叫ぶこともできました。しかし、彼はそれをせず、頼朝の耳元で「お助けいたします」と呟《つぶや》くと、大庭氏を始め味方の軍勢に向かって「ここには誰もいないぞ!」と叫び、ほかの武士たちを頼朝が隠れている場所には近づけなかった。

そのおかげで九死に一生を得た頼朝は、機を見計らって真鶴《まなづる》海岸から船で海へ出て、房《ぼう》総《そう》半島へと逃げ出します。

頼朝が辿《たど》り着いたのは、現在の千葉県館山《たてやま》市あたり、安房国《あわのくに》でした。

現在の千葉県には、かつて下総《しもうさ》、上総《かずさ》、安房という三つの国があったのですが、安房に辿り着いた頼朝の元に馳せ参じたのが、上総の国で一番有力な武士と言われていた上総広常《かずさひろつね》（？〜一一八四年）と、下総を代表する武士、千葉常胤《ちばつねたね》（一一一八〜一二〇一年）です。石橋山の戦いでは大敗した頼朝ですが、二人が彼の元に馳せ参じ、「お味方いたします」と加勢したことで、形勢はガラリと変わります。

その後も、南関東の武士たちを中心に、多くの武士が次々と頼朝の元へとやってきて、加勢したため、頼朝の軍勢は膨れ上がっていきます。

味方を得た頼朝は破竹《はちく》の勢いで進撃し、房総半島を北へ北へと北上して、現在の東京や埼玉にあたる武蔵国《むさしのくに》に入りました。

そして、頼朝が昔の利根《とね》川と考えられている川を渡る際、武蔵国の武士たちも、次々に頼朝の元に来て、「お味方いたします」と言ってきた。川を渡った頼朝は、こんどはどんどん西へ西へと進んでいき、最終的には戦わずして、南関東を平定してしまったのです。

一一八〇年十月六日に鎌倉に入った後、鎌倉を拠点とするようになった頼朝は「鎌倉殿」と呼ばれるようになりました。

源頼朝が鎌倉に入った後、石橋山の戦いで一度は頼朝に大勝した大庭景親も、「これ以上は戦っても勝てない」と諦めて、頼朝に降伏します。しかし、「頼朝に一度反抗した」

ということで、景親は捕まり、首を討たれてしまいます。

一方、頼朝の命を救った梶原景時はどうなったかというと、頼朝から大変厚い信頼を得ることに。また、景時自身、非常に優秀な人材だった（他の関東武士と違い、官僚として働けた）ため、鎌倉幕府でも重用されます。

当時の鎌倉幕府には、侍所《さむらいどころ》と政所《まんどころ》という二つの役所があり、侍所は軍事的なことを司る組織で、政所は政治的なものに関わる組織として機能していました。そこで、景時は、「侍所の次官」という大役を得ます（長官を務めたのは和田義盛《わだよしもり》でした）。そのくらい梶原景時は、頼朝から信用されていたのです。

平家と源氏は、本当は長年の宿敵ではなかった？

石橋山の戦いでは、なんとか生き延びることができた頼朝ですが、もともと頼朝は、これより前に、平清盛に殺されてもおかしくありませんでした。

殺される可能性が一番高かったのは、一一五九年の「平治の乱」の後でしょう。

平治の乱は、当時の公卿《くぎょう》であった藤原信頼《ふじわらののぶより》らによって起こされたクーデターでした。しかし、軍事力を持たない貴族だけでは、戦は起こせません。そこで、この乱の軍事面を担当したのが頼朝の父である源義朝でした。しかし、義朝は平清盛らの軍勢に大敗し、命を落とします。

敵方の息子であるということで、当時十三歳だった源頼朝は捕まり、平清盛の元に連れていかれます。その時、清盛は頼朝を許し、伊豆国へと流すことにしたのです。

後世に生きる我々からすると、「平家と源氏は常に争っているのに、なぜ、この時の清盛は、憎き源氏の跡取りである頼朝を殺さなかったのだろうか」と不思議に思うでしょう。

ただ、実はこの「平家と源氏は敵同士で、いつもいがみ合っている」という対立構造自体が、後世における大きな誤解です。

平家と源氏は、お互いに憎み合ってはいなかったという根拠の一つを、平治の乱の三年前、一一五六年に京都で起こった「保元《ほうげん》の乱」から読み解くことができます。

保元の乱は、崇徳《すとく》上皇と後白河天皇という二人の兄弟が、「どちらが朝廷のリーダーになるか」という覇権をかけて争った戦争です。何百年間も平和が続いた平安時代に、突如として起こった戦争ですが、この時、後白河天皇側に味方したのが平清盛と源義朝でした。

そして、崇徳上皇側も後白河天皇が武士を集めていることを聞き、後白河天皇の元に馳せ参じなかった武士たちに声をかけました。

その結果、崇徳上皇側には、源氏からは源義朝の父である源為義《みなもとのためよし》が、平家からは平清盛の叔父である平忠正《たいらのただまさ》が加勢することになりました。

源氏側は、父と息子が戦い、平家側は伯父と甥《おい》が戦う。両軍ともに平家と源氏の一員が参加していたため、「平家vs源氏」という図式は全く存在しません。

保元の乱は後白河天皇軍が勝利しましたが、その三年後、源義朝が藤原信頼らと共にクーデターを起こし、平治の乱が勃発《ぼっぱつ》。そこで、保元の乱では味方同士だった平清盛と源義朝が戦うことで、初めて正式に平家と源氏が戦うという対立構造が生まれました。

ただ、この平治の乱にしても、平家と源氏が望んで戦ったわけではありません。

もちろん、源義朝に関しては藤原信頼のクーデターの片棒を担ぐことを了承した時点で、少なくとも「平清盛を打倒する」という考えが念頭にあったでしょう。でも、清盛の方は、義朝が憎くて戦ったわけではなく、クーデターに対抗するため、戦わざるをえなかった。

だからこそ、源義朝が討たれ、その息子の頼朝が捕虜になった際、平清盛が源頼朝を助けるという選択肢が出てきたのではないかと僕は思います。

もしも、平家一門と源氏一族が正面から対立していたのであれば、仮に十三歳の子どもであっても、跡取りである頼朝の命を奪わないということはあり得なかったはず。

一説によると、清盛は優しい性格で、慈悲深い人物でもあったと言われていますが、仮にその清盛であっても、「宿敵である」という意識を持っていれば、頼朝の命を助けることは絶対になかったでしょう。

それにもかかわらず、頼朝の命を助けたということは、「平家は源氏を宿敵だと思っていなかった」という証明になります。

「西国」に流されたがゆえ、命を落とした弟・希義《まれよし》

平治の乱を経て、頼朝は東国《とうごく》の伊豆に流されます。

西国《さいごく》ではなく、東国に頼朝を流したこと。これは、清盛や平家の運命に、大きな致命傷を与えたと僕は思っています。

もっと言えば、頼朝が東国ではなく西国に流されていた場合、そもそも石橋山の合戦自体が存在せず、頼朝が平清盛を討てるほどに勢力を拡大することもなく、平家一族の滅亡を招く源平の戦いにまで発展することもなかったかもしれません。

平家が強い勢力圏を持つのは、主に西国です。平家に味方する武士が多い西国へと頼朝を置いておけば、頼朝が挙兵することはかなり困難を極めたでしょう。

実は、頼朝のすぐ下には、同じ母から生まれた希義《まれよし》という弟がいました。

この弟の場合は、平治の乱の後、西国である土佐国《とさのくに》に流されます。

もし、希義が兄の頼朝が伊豆で挙兵をした話を聞きつけていたならば、「ならば俺も立ち上がらなければならない」と思い、土佐から逃げ出して、兄に合流するべく、関東を目指していた可能性もあります。また、誰か味方してくれる武士に頼み込んで、自分も挙兵するという未来もあったかもしれません。

しかし、その想いが本人にはあったかもしれませんが、清盛の「源氏を討て」との御触れが出た直後、希義はあっという間に平家に味方する武士たちに囲まれ、命を落としています。

平家の力が強い西国という土地にいたがゆえ、希義はあっさりと討たれてしまったわけです。

なぜ平清盛は、頼朝を「東国」へと流したのか

清盛が自分の勢力下にある西国ではなく、東国に頼朝を流した理由。

それを考える上で、当時の日本における地域差についての考え方が重要になります。

もともと日本は西型国家であり、「西高東低」、つまり「西は栄えていて、東は栄えていない」という価値観が、日本列島にとっての一般常識でした。

清盛にとって、頼朝を自分の目が届かないド田舎である東国の伊豆に流すことは、頼朝をゴミ箱にポイッと捨てたのと同じような感覚だったのでしょう。だからこそ、彼のことをキレイさっぱり忘れることができたのです。そのくらい、当時の関東は西側の人間から見たら「遅れている土地だった」と考えるべきです。

ところが、「関東が清盛の眼が届かない遅れた土地」であることを逆手に取った頼朝は、平家の威光が西国ほど強くない関東を地盤として、清盛に挑戦状を叩きつけます（後世、徳川家康《とくがわいえやす》も頼朝と同じことをして、天下人となりました）。

なぜ、頼朝が関東という土地で、地盤を強化できたのか。

ここで重要になるのが「在地領主」たちの存在です。

朝廷や平家からも忘れ去られた関東で、自分たちの所領を一生懸命治める有力な武士たちのことを、在地領主と呼びます。彼らは、自分の土地を守るために、京都の貴族たちにツテを持ち、その威光を借りることで、なんとかして自分の土地の所有権を守ってきました。

ただし、これは非常に脆弱《ぜいじゃく》な関係です。京都の貴族たちとどんなに強いつながりを持とうとも、遠く離れた関東にある自分の土地を力づくで誰かに奪われてしまう可能性は十分にあった。だからこそ、「自分の土地を守ってくれるリーダーのような存在はいないだろうか」と考えていました。そこで、彼らが頼朝と出会い、彼をリーダーとして仰ぐことで、鎌倉幕府の成立へと尽力していくことになるのです。

頼朝の挙兵は「平家vs源氏」ではなく、在地領主たちの独立戦争

鎌倉幕府の成立を考える上で非常に重要なポイント。それは、在地領主たちは頼朝を主人と仰ぐことで、自分の土地の所有権を保証してもらうことを願っていたという点です。

ここまでお話したように、当時の関東には三浦や千葉、上総という有力武士がたくさんい

ました。しかし、並み居る武士の中で一番強い人間がリーダーになるのではダメだった。

なぜ、頼朝が武士たちの主人に選ばれたのかというと、頼朝には権威があったからです。

では、「権威」とは何か。在地領主と頼朝との差はなんだったのか。それは、「朝廷」とのつながりです。

当時、朝廷や天皇、いわば京都とのつながりを維持している武士は、土着の武士たちよりも一段上の尊い存在だとみなされていました。

京都にお仕えするのをやめて、自分の土地を自分で守っていこうと決断した在地領主たちも、何年かに一度は、京都に警備員として朝廷に奉仕していたわけですが、誰か特定の京都の偉い人に仕えているわけではありませんでした。よって、一段格下の存在に置かれるようになります。

この「朝廷とのつながりの有無」が、武士の中に大きな階層性を生んでいたのです。

これは単に、源氏か平家の武士ならばよいということではありません。

そもそも源頼朝に味方して、鎌倉幕府で活躍した在地領主たちの多くは、平家の血を引いた武士ばかりでした。でも、彼らは出身こそ平家一門ではありますが、平家とのつながり、すなわち朝廷とのつながりは、とうの昔に切れていました。

〝元〟平家一門であっても、平家本流や朝廷との縁が切れてしまえば、その時点で、彼らは権威ある立場ではなくなります。

だからこそ、彼らが自分の土地を持つと、「平」という姓を名乗らず、その土地の名前を自分の苗字として名乗ります。

現在の千葉県に拠点を持っていた千葉氏も、出身は平家ですが「千葉」と言う姓を名乗る。三浦半島に土地を持っていた三浦氏も、元は平家ですが「三浦」と言う姓を名乗る。これは、梶原や大庭も同じことです。

後ほど詳しくお話しますが、京都の朝廷との縁が切れているということは、自分の行動を正当化してもらえないのと同じこと。これは、実は武士にとっては大問題です。だから、朝廷とのつながりがない在地領主たちは、自分たちよりも格上の源頼朝を主人と仰ぐことで、頼朝に自分の土地を守ってもらおうと考えた。

この前提を考えてみると、一般的には、源頼朝と平清盛が戦った源平の戦いは、「源氏と平家の戦い」だと考えられがちですが、実は「平家が勝つか、源氏が勝つか」という意味合いの戦いではないことが理解できます。

源平の戦いは、在地領主たちにとっては、朝廷の支配から逃れ、自分たちの土地を守るための独立戦争のようなものでした。

源頼朝に味方して戦う、というよりは、「自分たちの存在意義を認めてもらうために戦うのだ」という当事者意識を持って、彼らは戦っていたことになります。

実力主義の武士の社会でも生きていた、天皇の「権威」

なぜ、在地領主は、朝廷とのかかわりをそこまで大切にし、こだわっていたのか。

この問題について触れるには、武士の世界の秩序の意識を解明する必要があります。

実は、これまでの僕は「多くの歴史研究者は、歴史上における『天皇の権威』というものを非常に高く評価しすぎる」と思っていました。

たとえば、僕が青山学院大学で出会ったヨーロッパ中世史の先生は、ごく当たり前のように、「天皇は、将軍に権力は奪われたが、権威はずっと持ち続けた」と語っていました。将軍は権力を持ち、天皇は権威を持っていた。そのことを、ごく当たり前の定説としてお話になったのです。

この話を聞いたとき、「あれ？　日本史学的には、全然そんな風には結論づいていないと思うんだけどなあ……」と正直僕は思いました。

権威だけでは飯を食うことはできない。いかに権威があったとしても、天皇の支配は、実効支配ではないはずです。そもそも権威というものを考えたときに、実力の無い人が権威だけを持つ状態は成立しない。やはり、実力に裏打ちされ、初めて権威は権威足りうるということが、それまでの僕の持論でした。

これは、中国の歴史を見ると非常にわかりやすい。中国では、政権争いによって、皇帝が殺される事態が往々にして起こります。

一度皇帝になったから、その苗字の一族がずっと権威を持ち続け、皇帝の座に君臨するなどということはない。実力が無ければ、すぐにその座から引きずり降ろされてしまいます。それが、中国のみならず、世界の歴史の過酷な現実です。

しかし、日本は万世一系《ばんせいいっけい》の天皇家だということを言いたいがために、その点について見て見ぬふりをしている。「天皇の権威というものは、未来永劫、誰にも侵すことができないのだ」と強調したがっているのではないかと思ったのです。

日本の戦前の歴史学者たちは「天皇家は二千年続いた。誰もこの事実に手を加えて、改変することはできませんよ」と言うのですが、二千年続こうが、三千年続こうが、権力は過酷なものです。潰されるときは潰される。

さらに、武士の世界は基本殺し合いです。だから、僕自身はずっと「実力を重視するべきだ」と思っていました。天皇の権威などを、実力主義の武士たちが簡単に受け入れるはずがない。それが、長年主張し続けてきた僕の考え方でした。

けれども最近、この考えは間違いで、実は日本は他国に比べて、権威というものが権威として安定しやすい国であったのではないかと考えを改めるようになりました。

「武士たちが、自分たちのリーダーとなる武士に、実力を要求していたことは間違いない。しかし、武士の世界でも権威が重視されていた部分もあるのではないか。これは、自分の考え方を変えなければならない」と反省したのです。

なぜ、日本では権威が権威として安定しやすいのかというと、歴史がぬるいからです。たとえば、先に例に挙げた中国は、歴史的に見ても、常に騎馬民族や異民族の脅威に晒《さら》されており、一度負けてしまえばすべてを収奪されてしまう。競争が厳しく、過酷な歴史の中では、権力闘争が激しくならざるを得ません。

ところが、日本の場合は、海に囲まれており、異民族も来ない。外敵がいない以上、武士であっても、必要以上に戦う必然性がないわけです。

ルソーやロックの考え方を借りれば、いくら実力主義であったとしても、毎日血みどろの戦いを繰り広げるのはつらい。「今日は勝てたけど、明日は勝てる保証はない」という日々が続けば、誰だって疲れてしまいます。

ならば、無駄に戦うのはやめて、お互いをなんらかの方法で差別化し、平和に生きるためのルールを見出《みいだ》すほうが得策である。ルールを作る上では、むしろ権威を認め、自分たちの上に立つ人の言うことを守ることを彼らは選んだ。だからこそ、鎌倉幕府以前の在地領主たちは、天皇という権威と強固な関係を持つ武士に自分を認めてもらい、従うことで、自分の土地を保証してもらい、平和を維持しようと考えたのではないか。

この前提に立つと、「権威」というものは、日本の武士の社会ではそれなりの働きをしたのだと考えることができます。

頼朝に会う前に、千葉常胤《つねたね》が大切にしていた源頼隆《よりたか》とは何者か？

なぜ、僕が「武家社会でも権威は影響力を持っていたのだ」と考えるようになったか。

それは、石橋山の戦いで敗れた後、源頼朝のもとにやってきた千葉常胤の行動がきっかけでした。

彼は、石橋山でボロ負けして、命からがら房総半島にやってきた源頼朝のもとにいち早く馳せ参じ、「私が頼朝様の家来になります」と言ったわけです。

頼朝はこれを大変に喜んで、「お前のことをこれからは父と思う」と感謝の意を示しました。

実は、千葉常胤が頼朝の所に会いに行き、「家来になります」と宣言した際、千葉の傍《かたわ》らには源頼隆《みなもとのよりたか》という当時二十歳前後の男性がいました。

この源頼隆は何者かというと、苗字を見てもわかるように源氏の子孫の一人です。

頼朝の数代前の源氏の一族には、源義家《みなもとのよしいえ》（八幡太郎《はちまんたろう》義家）という人物がいました。この人はかつて東国で大きな功績を立てて、関東の武士たちと源氏の間のネットワークを作った英雄でした。

源義家には、源義隆《みなもとのよしたか》という子どもがいます。義隆は、義家の末っ子として生まれたのですが、かなり晩年の子どもであったために、頼朝の父である義朝の時代まで生き抜き、源氏の最長老としてそれなりの存在感を示していました。

源義隆は、頼朝の父である義朝を支持し、平治の乱でも義朝に味方しました。

平治の乱で平清盛に敗れた義朝は、関東に落ち延び、再起を図ろうとします。しかし、その道中、比叡山《ひえいざん》のふもとにある竜華越《りゅうげごえ》という場所で、比叡山の僧兵が義朝の一行を襲いました。

その時に、「私が食い止めますから、義朝様は先に行ってください」と言って立ち上がったのが、この義隆です。彼は、襲い掛かる比叡山の僧兵たちに対して、「私こそが源義朝である」と名乗り、立ち向かいます。結局、義隆は比叡山の僧兵に討ち取られ、戦死してしまいますが、義朝はなんとか逃げ延びることができました。

義朝にすれば大切な命の恩人です。その義隆が死んだとき、彼の妻のお腹の中にいた子が、千葉常胤が連れていた青年・源頼隆でした。

義隆の死後、彼の忘れ形見である頼隆を、千葉常胤は大事に育てました。

なぜ、千葉常胤が頼隆を一生懸命育てたのかというと、源氏の名門に生まれた、自分たちよりも一段上の存在を庇護することで、自分のやることを正当化、すなわちオーソライズしようという考えがあったからでしょう。

ところが、石橋山の戦いを経て、頼隆よりもさらに本流に属する一段上の存在として、源頼朝という人物が出てきます。

そして、千葉常胤は頼朝に「私はあなたの家来になります。あなたのために命をかけて戦います」と誓った。この瞬間、源頼隆は千葉常胤にとっては不要な存在になります。

これまでは、千葉常胤にとって自分の行動を正当化してくれる、一段階上の存在といえば頼隆でした。

しかし、源頼朝という一段上の存在が登場した。頼隆と頼朝のどちらの血筋が正しいかと言えば、頼朝の方が正しい。ならば、頼朝の家来になったほうが良いわけです。

もっと言えば、頼隆はむしろ邪魔者です。

頼朝に源氏の一族に属する別の人間を自分の手元において大事にしていることが知られれば、「千葉は、謀反《むほん》を起こす気ではないか」と疑われる可能性もある。

だからこそ、最初に頼朝に会いに行った際に頼隆を連れていき、「その若者は源氏の一門です。頼朝様を助けてくれるでしょう」と、差し出しました。

千葉常胤の本音としては、「この人は頼朝様に差し上げます。煮るなり焼くなり好きにしてください」というところだったと思います。

ただ、その後、頼隆は頼朝に殺されることもなく、長い期間、源氏の一族として鎌倉幕府でそれなりの存在感を示し、長生きします。

最期は、三浦氏と北条氏が戦った「宝治《ほうじ》の乱」で、味方する陣営を間違えて三浦氏に付いた末、相当な高齢だったのに自害させられ、この世を去りました。

余談ですが、この源頼隆の本領は、相模国の毛利台《もうりだい》という場所です。

今の神奈川県厚木市毛利台、このあたりにある毛利という荘園を頼隆が治めていたようです。

毛利の読み方は「もり」だったため、頼隆は「森家」という家を興《おこ》します。

織田信長《おだのぶなが》に寵愛されて、本能寺《ほんのうじ》の変で信長と共に亡くなったことで有名な森蘭丸《もりらんまる》は、この頼隆の子孫だと言われています。

「一一八〇年鎌倉幕府成立説」

頼朝と関東の武士たちが結んだ主従関係により、ここで日本の歴史上初めて「武士の主従関係」が形を現してきます。

この主従関係では、武士たち、すなわち御家人《ごけにん》は、主人のために命がけで戦場に出て戦い、奉公し、その代わりに御恩を受け取ることができます。

御恩とは、主人が、御家人たちが所有している土地の所有権を守ることです。

もちろん、それまでの日本の社会にも、身分の上下が当たり前のように存在し、平等という感覚はありません。主従関係、すなわち主人と従者、主人と家来の関係はいくらでも見ることができます。

そのなかでも鎌倉時代の主従関係がユニークなのは、「命がけ」だという点です。命をかけて、主人、すなわち鎌倉幕府のために戦うというところが、大変重要であり、これまでの主従関係とは大きく異なります。

では、鎌倉幕府とはなんでしょうか。

武士のための武士による政権。それこそが、鎌倉幕府です。

その幕府の実態は何かというと、源頼朝とその家来たちによって作られた、「一人の御家人はみんなの御家人のために。みんなの御家人は一人の御家人のために尽くす」という組織です。

具体的に幕府はどういう動きを求められていたのかというと、その幕府の構成員である誰かが、京都の貴族や幕府に参加していない存在によって不利益を被った場合は、主人の指揮下で、その一人の仲間を助けに行くというものです。

この構造を知った上で、鎌倉幕府の成立年というものを、改めて考えてみたいと思います。

十数年前までは、鎌倉幕府の成立は一一九二年だと教えられてきましたが、今の教科書では一一八五年だと教えています。この一一八五年とは、源頼朝が鎌倉殿《かまくらどの》として全国に守護を置き、各地の荘園に地頭《じとう》を置く権利を朝廷から認められた年です。

そのため、現在の教科書では「一一八五年に源頼朝が鎌倉幕府を成立した」という記述が成り立っています。

けれども、僕が唱えているのは、「一一八〇年鎌倉幕府成立説」です。鎌倉幕府の成立時期を考える上では、源頼朝が、そして彼に味方をした関東の武士たちが、何を目指したのかが重要だと考えているからです。

この当時の関東の武士、すなわち在地領主たちは、頼朝に味方し、何を成し遂げたかったのか。それは「自立」でした。朝廷の支配から逃れ、自分たちの土地を守ってくれる存在を探していた。そこでリーダーとして現れたのが頼朝であり、彼を頂点として、それぞれの武士同士が助け合い、お互いの権利を守り合う鎌倉幕府というものを作り上げた。

つまり、関東の武士たちは、頼朝を自分たちの主人として仰ぐことで、自分たちの政権を作りたいと思い、行動したのです。

それが、鎌倉幕府の実態であろうと考えると、一一八〇年十月に頼朝が鎌倉に入り、拠点を定めた時点で、もう鎌倉幕府は誕生していたのではないかと僕は考えています。

石橋山で頼朝が死んでいたら、武士の時代の到来は十年スパンで遅れていた

さて、ここまでの議論をもとに、私たちは一度、歴史のＩＦ（もしも）に立ち返ってみたいと思います。

――もしも、石橋山の合戦の後、梶原景時が「頼朝を見つけたぞ！」と叫んでいたならば？

仮に、梶原景時が頼朝を守ろうとしなければ、石橋山で頼朝が命を落としていた可能性は極めて高い。

その場合、頼朝の挙兵は失敗に終わり、関東の在地領主たちの不満は、ますます高まっていたでしょう。

ただ、仮に頼朝が亡くなるという歴史があっても、間違いないのが、武士たちの独立戦

争が行われ、「武士による武士たちの政権」が関東に誕生していただろうということです。

当時の在地領主たちは、辺境の地の田舎者として扱われつつ、朝廷の支配が続くことに不満を抱いていました。

高い税金を払っても、自分たちを正当化してもらうこともできず、「京都の貴族や寺、神社は、何かあったときに我々を守ってくれない」と、不満を抱えていた。さらに、いつ何時《なんどき》、外部から土地を脅かされるかもしれない不安を抱き続けていました。

そんな負のエネルギーが蓄積され、ドカンと爆発したのが源平の戦いでした。

繰り返しになりますが、在地領主たちの多くが鎌倉幕府の御家人になったのは、御家人になることで自分たちの存在を認めてほしいという意識がありました。

だからこそ、源氏という名門の出身で、自分たちよりも一段上の尊い武士である源頼朝によって、自分たちの存在を正当化してもらおうと考えた。

もっと言ってしまえば、彼らを正当化してくれる存在であれば、頼朝でなくても構わなかったのです。

仮に頼朝が石橋山で戦死をしていたとしても、在地領主たちが朝廷の支配が続く社会に対して、不満を抱き続けていたことには変わりがありません。

不満で膨れ上がった彼らは、自分たちの存在を認めてもらうため、やはり「お前たちの存在を認めてやる」と言ってくれる尊い人の元へ馳せ参じていたでしょう。

では、誰の元に行ったのかというと、その候補としては、源氏の名門と言われ、のちに室町幕府を開いた足利《あしかが》氏をはじめ、上野国《こうずけのくに》で有力だった新田《にった》氏、常陸国《ひたちのくに》の佐竹《さたけ》氏などが考えられます。

仮に鎌倉幕府を開く前に頼朝が死亡していた場合でも、これらの名門の家を核として御家人が集結し、社会を変える大きな力になっていっただろうと僕は思います。そう考えれば、鎌倉時代に足利幕府ができていた可能性も十分にあります。

また、在地領主たちは、自分たちの存在を認めてくれるのであれば、源氏である必要もなかったので、場合によっては、平家が幕府を開いていた可能性もあります。

ただ、平家の支配力が強いのは西国です。近畿周辺、また西国の在地領主たちは朝廷との関係性が深く、関東の武士たちほど不満を募らせていないため、彼らに比べると、土地の安堵のために主人に命がけで仕えようというモチベーションが弱い。

わざわざ、自分たちの独立戦争を仕掛けようとは思わないかもしれません。

そう考えると、京都から遠く離れた関東だからこそ、不平不満を募らせた在地領主たちによる政権が生まれたのだと言えるでしょう。

ここで、ぜひお伝えしたいのが、歴史というものは「上に立つ人間」が変わったとしても、時代の流れというものはあまり大きく変わらない可能性が高いということです。

源頼朝という人が生きていても、死んでいても、朝廷や貴族による支配を抜け出し、武士たちが関東に自分たちの政権を作るということは、起こっていたと思います。

ただ、鎌倉幕府は、源頼朝という人がたまたま生き残り、しかも政治的手腕も兼ね備えていたからこそ、誕生することができました。

なぜ、政治的手腕が求められたのかというと、平家を倒した後、源頼朝は武士たちの土地を守るため、朝廷と外交の面で戦う必要があったからです。頼朝は、朝廷との交渉において、非常に的確な判断を下し、独立を勝ち取っていきます。これこそ、まさに武士にとって望んでいた結果でしょう。その点では、彼らにとって一番都合がよく、ふさわしい人物が生き残り、彼らのリーダーになったとも言える。

もしも、頼朝が死んでいた場合、在地領主たちが主人の元に集結し、政権を作り、独立を勝ち取るまでに、ここまでスムーズに事が運ばなかった可能性も考えられます。頼朝がいなければ、武士の政権というものが誕生するまでには、もう少し時間がかかり、武士の時代が到来するのは十年、二十年と遅れていたかもしれません。

そうなれば、私たちの知る鎌倉時代やそれ以降の歴史が、今とは趣《おもむき》を変えていたとしても、決しておかしくはないのです。

第2章　源頼家《よりいえ》が重病に。もしも、比企能員《ひきよしかず》が慎重であったら…

時勢を読む理想的なリーダーだった頼朝

第1章でご紹介したように、鎌倉幕府とは、在地領主たちによる独立戦争の末に生まれた、武士による武士のための政権でした。

ただ、ご主人として仰ぐ相手が、優秀で政治的手腕もある人ならばよいですが、仮に能力が低かったり、性格的に面倒くさい人だったりしたならば、御家人たちは「そんな主人、願い下げだ」とすら思っていたはずです。

まず、初代将軍であった、頼朝はとにかく時の情勢をよく読む人物でした。

たとえば、彼は鎌倉に拠点を置いた一一八〇年以降、死ぬまでたった二回しか京都には行きません。これは、朝廷のある京都で栄華を極めた平家とは、非常に対照的です。

頼朝自身は十三歳まで京都にいたので、「京都とは、女性は美しく、料理もうまい、素晴らしい場所である」とは十分知っていた。それでも頼朝が、生涯に渡って京都にはできるだけ近づかなかったのは、「自分がやるべきことは、この草深い鎌倉にいて、御家人たちと生活を共にすることである」と明確に意識していたからです。

京都には行かず、しっかりと鎌倉で在地領主たちと向き合う姿勢があったからこそ、武士たちは頼朝を自分たちのリーダーであると認めていたし、頼朝自身もそれを理解していました。だからこそ、カリスマ的な支配力を持つことができたのでしょう。

このように、鎌倉幕府の初代リーダーであった源頼朝という人は、朝廷ときちんと交渉し、関東の武士たちの願いにも応え、関東の武士たちの独立を勝ち取るという、まさに理想的な指導者だった。

しかし、頼朝以降の鎌倉幕府の将軍たちに、関東の武士たちが満足していたか……というと、ここには大きな疑問が残ります。

事実、誰も逆らえない絶対的な存在であった頼朝が一一九九年に没した後、鎌倉幕府の内幕は大きく一変していきます。

『吾妻鏡《あづまかがみ》』にも悪口を散々書かれた二代将軍・頼家《よりいえ》

頼朝の跡を継いだのは、彼の息子である源頼家《みなもとのよりいえ》（一一八二―一二〇四年）でした。

鎌倉幕府の正式な歴史書と言われる『吾妻鏡』を読むと、頼家という人間は父の頼朝に比べると、いろいろな欠点を持つ人物ではあったようです。

一番有名な話でいえば、あるとき、頼家のところに、隣り合う所領を持つ二人の御家人がやってきて、両者の所領が隣接する土地に対して「ここは自分の土地だ」「いや、ここは自分の土地だ」と、互いに権利を主張して譲らなかったそうです。

実はこれは「土地の境相論《さかいそうろん》」と呼ばれ、土地の所有を巡って繰り広げられる事例としては、非常に典型的なものです。

その境相論に対して、頼家はどんな裁きを下したのか。

「えーい、面倒くさいから、俺が境界を決めてやる！」と、図面に筆でピッと一本線を引き、「これが俺の決めた境界線だ。だから、お前らもこの境界線に従って、これからはケンカをやめるように！」と申し渡しました。

もしも頼家が、よくある典型的な相談事に対して、毎回こんなに適当で独断的な仲裁を行っていたとしたら、当然反感を買います。

『吾妻鏡』では、こうした頼家の仕事ぶりに対して、

「頼朝様は、争う御家人に対して、お互いの言い分を丁寧に聞いて、どちらも納得するように丁寧に審議をし、結果的には双方が納得いくような決定をしてくれていた。そうしたやり方に比べると、二代目の頼家様はとんでもない！　我々のことをちゃんと考えてくださらない、デタラメな将軍である」

というような書き方をしています。

ただ、冷静な見方をすると、権力の本質とは「何かを決定する力」です。

権力が一度定めたことに対しては、仮に不満があったとしても、お互いがしっかりと守っていかなければいけない。それが、将軍権力というものです。

だから、将軍である頼家が、仮に独断的な決断を下したとしても、それは間違いではありません。誰かが物事を決めなければならないなか、自分たちよりも一段上の偉い人たちにその決定を仰ぎたいということで、御家人たちは、源頼朝やその息子の頼家という人物を、自分たちの主人として据えている。ならば、その決定が独断的だと感じたとしても、従わなければなりません。

『吾妻鏡』には、頼家に問題があったように書かれていますが、実はこの『吾妻鏡』の書き方こそが、鎌倉幕府の正史としては間違っています。もっとも、『吾妻鏡』は、源氏の将軍家を亡《ほろ》ぼした北条氏が、自分たちに正当性があることを歴史的に証明するために残した書物なので、こうした書き方がなされてしまうのはしかたがないことなのかもしれません。

そんな形で、二代将軍の頼家に対する、御家人たちの不満はどんどん募っていきます。そこで、頼家の力をそぐために、彼らは様々な行動を始めます。

頼朝にとっては「実家」同然だった比企一族とは?

最初のターゲットとなったのは、梶原景時です。

彼は石橋山の戦いで頼朝の命を救い、頼朝から厚い信任を受けており、朝廷からも源頼家の第一の家来であると認識されていました。

でも、頼朝にも頼家にも忠実だった梶原景時は、ほかの御家人たちから見れば、とても邪魔な存在でした。そこで、頼朝が亡くなった翌年となる一二〇〇年に、彼は失脚し、殺されてしまいます。

梶原景時が殺された後、次に頼家を支えたのが、比企能員《ひきよしかず》（？―一二〇三年）という人物です。

比企能員は、頼家の妻の父親。頼家にとっては、義理の父にあたります。頼家と能員は、頼朝とその義父・北条時政と同じように、強い結びつきがありました。

そもそも比企氏は、鎌倉殿と呼ばれた源頼朝とも非常に深い関係を持った家です。源氏の後継者であった頼朝は、生まれたときから非常に大切に育てられ、乳母《うば》を四人ほどつけられていました。その乳母の一人が、比企尼《ひきのあま》という女性です。比企氏の女性である尼は、頼朝を一番かわいがり、熱心に仕えていました。

頼朝が十三歳のとき、伊豆にある蛭ヶ小島《ひるがこじま》という場所へ罪人として流された時、比企尼は自分の故郷であり、比企氏の本拠地であった武蔵国《むさしのくに》の比企郷という土地に帰りました。これは、今の埼玉県の嵐山《らんざん》あたりですが、そこから頼朝が流されていた蛭ヶ小島に生活物資を送りました。それほど、頼朝のことを気にかけていました。

こうした比企尼の行為は、当時としては、なかなかできないことです。もしも「頼朝はきっといつか偉くなるだろう」とわかっている人であれば、同じことをするかもしれませんが、その頃の頼朝は、いつ殺されてもわからない不安定な立場。将来、出世せずに、伊豆の片田舎で死没していても、全くおかしくはない人間です。

それにもかかわらず、比企尼は一生懸命生活物資を送り、頼朝を支えていました。

ここにも一種の主従関係というものが見て取れますが、そんな比企尼に対して、頼朝は自分の母親に近しい感情を持っていたと思います。

だからこそ、頼朝は鎌倉殿として力を持つようになってからも、比企一族をとても大切にしました。

現代の女性であれば自分の実家に帰って出産することが多いですが、妻である北条政子《ほうじょうまさこ》が最初の子どもを出産するとき、身を寄せたのも比企尼の家でした。これは、源頼朝にとって、比企尼が自分の母親代わりであり、北条氏よりも比企氏の方が「実家」という感覚が強かったからではないでしょうか。

その証拠に、源氏の一族は、みんな比企氏と縁続きになっています。たとえば、頼朝の弟として有名な源義経《みなもとのよしつね》は、河越重頼《かわごえしげより》という武蔵国の武士の娘・郷御前《さとごぜん》を正妻にしています。河越重頼の妻は、比企尼の次女だったので、義経は比企尼の孫娘を正妻にしたと言えるでしょう。

権力拡大のため、比企能員暗殺を目論む北条時政《ほうじょうときまさ》

しかし、源氏と比企氏の密接な関係に対して、おもしろくないのが頼朝の義理の実家・北条氏です。

二代将軍の源頼家は、生まれたのはもちろん、子どもの頃から育ったのも比企氏の家で、妻にしたのも比企氏の娘であり、比企氏とは非常に関係の深い将軍でした。

頼家が権力を持っている限り、北条氏に未来はありません。だから、なんとかして源頼家と比企氏をやっつけられないかと、北条時政は虎視眈々《こしたんたん》とチャンスを狙っていたのです。

もともと北条氏自体は、そこまで大きな家ではありません。頼朝が最初に伊豆で挙兵をしたときは、だいたい五十〜六十人の武士を連れていましたが、これは北条氏がかき集められるだけかき集めた武士の数を表しています。

明らかな資料はありませんが、当時の資料を読んでいると、相模国を代表する三浦氏や大庭氏、伊豆の伊東《いとう》氏や、武蔵国の畠山《はたけやま》氏や河越氏、下総の千葉、上総の上総氏のように、「その国にその人あり」と言われる有力な在地領主のレベルになると、だいたい三百人くらいの家来を養っていたと考えられます。比企氏はこのレベルの家です。

それに比べると、北条氏は五十～六十人なので、規模はだいぶ小さい。その北条氏が、仮に比企氏と正面からぶつかり合って戦争をしたら、確実に負けます。

そこで、北条時政は、梶原景時を潰したときのように、いろいろと策を練って比企氏を潰そうと考えました。すると、うまい具合に頼家が病気にかかります。病名は不明ですが、とにかく重い病気だったと言われています。

当時は、医療体制も発達していないので、重い病気にかかるとすぐに死ぬのが当たり前。「頼家はもう長くない。おそらく死ぬだろう」と多くの人が思っていました。

それを契機に、北条時政は行動を起こします。

まず、時政は、比企能員に声をかけ、「うちで法事をやりますから、来てください」と誘います。能員は、時政が陰謀を企てているとはつゆ知らず、のこのこと法事にやってきます。そこで、時政は、用意していた暗殺者に命じて、やってきた能員をあっさりと殺害してしまったのです。

時を同じくして、当主を失った比企の屋敷を、北条方の武士たちが一方的に襲いかかりました。北条氏と戦争になるとは全く思っておらず、不意を突かれた比企氏は、一族は皆殺し。屋敷には火が放たれました。

むごい事に、その場には、頼家の妻の若狭局《わかさのつぼね》、それに頼家が局との間になした一幡丸《いちまんまる》という男の子もいました。この子は本来ならば、三代目の将軍になる存在であったにもかかわらず、一緒に殺されてしまいます。若狭局も殺されました。

平清盛が源頼朝を助けたのに比べると、なんとも酷《むご》い仕打ちですが、北条時政は躊躇《ちゅうちょ》しませんでした。

頼家は、入浴中に「ふぐり」を取られて暗殺

比企氏を倒し、北条氏の天下かと思いきや、その後、予想外の出来事が起こります。

周囲からあれだけ「死ぬだろう」と思われていた二代目将軍の頼家ですが、この人はどうやらすごく身体が頑健だったようで、危篤状態から生き返り、復活します。

しかし、復帰してみると、自分の妻や子供、舅《しゅうと》がいない。

「あれ、俺の子どもは？　嫁さんは？　お舅さんはどうしたの？」と戸惑っていたら、北条氏から皆殺しにされたことを知り、愕然《がくぜん》とします。

北条氏は頼家からすれば、母・政子の実家であり、北条時政は自分の祖父です。「お母

さんの実家やおじいちゃんは、なんてひどいことをするんだろう」と思ったことでしょう。

しかし、北条家はそんな頼家に「あなたは世の中的には死んだことになっているから引退してください」と冷たく言い、伊豆半島にある修禅寺《しゅぜんじ》に頼家を押し込めます。

なぜ、修禅寺だったのかというと、この立地に理由があります。

修禅寺の南側には、「天城越《あまぎご》え」で有名な天城峠があります。この峠は、とても傾斜が険しく、歩いて渡るのが極めて難しい。

では、北側には、何があったかというと、現代でいう韮山《にらやま》や伊豆長岡《いずながおか》あたりにある、北条氏の本拠地である北条がありました。

南には天城峠、北には北条氏にはさまれた状態で、修禅寺に押し込められていた頼家は、当然逃げることもできません。そして、そのうち頼家の元にも暗殺者が派遣され、一二〇四年七月十八日に二十三歳の若さで殺されてしまいます。

これも余談ですが、頼家という人は、肉体的に頑強な人だったため、暗殺者は返り討ちに遭《あ》わないよう、わざわざ頼家の入浴中を襲ったそうです。一糸まとわぬ姿だった頼家は、男性の急所である「ふぐり」を取られ、痛がっているところを殺された……と言われています。

ここで気になるのが、頼家の母である北条政子の心境です。

自分の息子を自分の父に殺されるなんて、現代の感覚で考えれば、精神的に深いダメージを受けることは避けられません。

ただ、当時は身分の高い女性は自分で子育てをせず、母乳も自分で与えることもありませんでした。政子もその類にもれず、自分の子供を自分で育てておらず、ほとんど子どもたちとは生活を共にしていません。それゆえ、さほど愛情もなく、父が息子を殺すことも仕方ないと思っていた可能性もあります。

鎧《よろい》もつけず家来も連れず、油断心全開で北条家を訪れ大失態

頼家が殺された後、三代将軍として選ばれたのは、頼朝の次男で、千幡丸《せんまんまる》と呼ばれていた源実朝《みなもとのさねとも》（一一九二―一二一九年）です。彼は頼家の弟でした。

頼家が比企の家で育てられたのに対して、実朝は幼少期から北条の家で育てられ、乳母の役目を担ったのも北条政子の妹である阿波局《あわのつぼね》でした。

比企氏と頼家を殺し、北条家と関係がべったりな実朝を将軍にしたことで、鎌倉幕府に

おける北条氏の権力はどんどん強くなっていきます。

ここで、僕がいつも思うのは、「もし、もっと比企能員が慎重であれば、北条氏の権力がここまで拡大する可能性は低かっただろう」ということです。

そもそも、能員が北条家の法事に訪れたとき、油断しすぎており、あまりにも迂闊《うかつ》であったということは間違いありません。

その能員の不覚は、当時、武蔵国の武士であった小代氏《しょうだい》が残した、『小代文書』という文書から知ることができます。

小代氏は、そこまで有力な家ではありませんでしたが、後に武蔵から熊本に拠点を移し、存続し続けた古い家です。そのため古い記録も大事に保管されていたおかげで、小代氏が長い歴史の間に見聞きしたことを書き記した文書が、後世にもたくさん残っていきます。

この『小代文書』には、能員が北条の家にやってきたその時の様子も、リアルに書き残されています。

小代氏の叙述によれば、この時、能員は、お供も誰一人連れず、いつもと変わらぬ平服で北条氏の家にやってきたそうです。もしも自分が暗殺される可能性を少しでもイメージしていたならば、衣の下に鎧《よろい》を着たり、家来を連れてきたりしていたはずです。

北条の言葉を疑うことなく、「法事だから、何かおいしいものでも食べさせてもらえるんだろう」とのんきな気持ちでやってきたからこそ、北条氏の暗殺者に至極あっさりと殺されてしまった。これは何とも言えず、バカな話です。比企能員ともあろう人とは思えない大失態です。

比企能員を油断させた、北条時政の「面従腹背」作戦

この経緯を知った当初、僕は「比企能員は、先々のことを考えない、さぞや凡庸な人なのだろう」と思っていたのですが、ある仮設を立ててから考えが変わりました。

まず、普通の武士ならば、他人の家に行くときに、そんなに簡単に油断をするはずがありません。それにもかかわらず、能員が警戒心を解いてしまったのは、おそらく日頃から北条時政はとんでもなく能員に対してペコペコした姿勢を見せ、密な人間関係を築いていたのが要因だったのではないか。

時政は内心「いつか能員を殺してやる……」と殺意を抱いていたかもしれませんが、表面上には非常に穏やかに、ニコニコしながら、彼と接していたのではないかと思います。

万が一にも、能員が「時政は俺に敵対心を持っている」と気が付いていたら、武器も持たず、家来も連れずに、家に行くなんてことはあり得ません。

だからこそ、法事に呼ばれたとき、つゆほどの疑いも持たず、「せっかく北条時政君が呼んでくれたんだから、じゃあ行くか」と気を許して出かけていったわけです。

こうして梶原景時や比企能員を亡ぼした北条氏は、この後も、畠山や和田《わだ》など自分の邪魔になる家を次々と滅亡させていきます。能員暗殺の様子からもわかるように、北条氏のやり口は非常に汚い。

鎌倉時代には、「武士の習い」と呼ばれる、武士道精神に通じる概念が共有されていました。内容は「武士は清廉潔白であれ」「嘘《うそ》をつくな」「他人を大事にせよ」といった道徳のようなものでしたが、北条氏のやり方にはそんな清々しい精神は皆無です。

権力のためであれば、裏切りや暗殺といった汚い手も平気で使う。それが北条氏です。ただ、北条氏の名誉のために言うなれば、先にもお伝えしたように、そもそも北条氏は他のライバルの一族に比べると、非常に勢力が小さかった。だから、まともな手段では勝てません。汚い手を使って相手を潰さないと、生き残ることができなかったのです。

北条氏にとっても、比企暗殺は危険な博打《ばくち》だった

とはいえ、仮に、「北条氏の面従腹背《めんじゅうふくはい》説」という仮説が正しかったとしても、比企能員は武士としてかなり油断していたことは事実です。

もしも、少しでも北条時政の本心に気が付き、先に戦争でも仕掛けていた場合、比企氏の方が勢力は大きかったので、楽に勝つことができたでしょう。

また、北条氏自身も、この策略で比企を滅亡させられるだろうと自信たっぷりだったかというと、決してそんなことはなかったようです。

それを裏付けるのが、官僚の大江広元《おおえのひろもと》という人物のエピソードです。

彼は、京都の朝廷からやってきて政務に励んでいたのですが、親しくしていた北条時政に「俺はこれから比企を殺そうと思っているんだ。だから、俺の味方になってくれ」と打ち明けられ、「これは大変なことになった。俺はこの争いの中で、死んでしまうのではないかな……」と死を覚悟したと言われています。

この北条時政と大江広元のやりとりからも、この暗殺は、時政にとってもかなり危険な博打であったということがわかります。

この時期、有力な武士たちが次々と北条氏に潰されていきますが、武士でなく、中立を保てるはずの大江広元が死を覚悟するほど先が見えない状態だったため、北条氏がやられる可能性も十分にありました。

だからこそ、比企能員が、もう少しでも機敏で、情況を察する能力のある人であれば、北条時政を返り討ちにし、北条氏が滅びていた可能性だって十分にあったのです。

ただ、誰が勝ち残るにせよ、「頼朝様は尊敬に値する方だったけれども、頼朝様の子どもたちはもういいよ。うるさく口出しをしてくるようなご主人様はもういらない」という合意は、御家人たちの中にはあった。「亭主元気で留守がいい」と同じことです。

「口出ししない将軍様がほしい」と思っていた御家人たちの思いとは裏腹に、北条氏の家で大事に育てられていた三代将軍の実朝も、ほかの権力者の類にもれず、将軍になって権力を持つと自分の個性や存在感を出したがり始めます。

実朝がどのように存在感を出したのかというと、その最たるものは京都とのつながりを積極的に持ち、当時の朝廷で権力を振るっていた後鳥羽《ごとば》上皇（一一八〇―一二三九年）との関係性を育み始めたことでしょう。

もしかすると、実朝は「関東の武士たちが自分を必要としていない。むしろ、疎《うと》んじている」とわかっていたからこそ、朝廷とのつながりを大事にしたのかもしれません。

女性を通じた「義理の兄弟」だった後鳥羽《ごとば》上皇と三代将軍・実朝《さねとも》

実朝と仲良くなった後鳥羽《ごとば》上皇は、実はあまり関東の情勢については詳しくありませんでした。

鎌倉の政権トップである実朝が「後鳥羽上皇に忠節を尽くします。私が後鳥羽上皇の命令を関東にも届かせるようにしますので」と言うのなら、上皇がそれを受け入れるのは当然です。

そして、その代わりに、後鳥羽上皇も実朝にいろんな便宜を図ってあげます。

実朝は和歌が大好きだったのですが、上皇は彼のために京都で随一の和歌の名手である藤原定家《ふじわらのさだいえ》の添削を受けさせる。

また、貴族の妻が欲しいといえば、京都から送ってあげる。実朝の正妻は坊門信子《ぼうもんのぶこ》という女性なのですが、彼女は後鳥羽上皇が実朝のために京都から鎌倉へと送った女性です。

しかも、彼女の姉は上皇のお気に入りだったので、女性関係でいうと、上皇と実朝は義理の兄弟という状況。いかに上皇が実朝を気にかけていたかがわかります。

後鳥羽上皇と実朝の仲の良さを表す一番有名な逸話は、上皇が実朝の官位をどんどん上げ、右大臣にまで出世させたことです。

この異例の出世に対して、天台宗の僧侶である慈円《じえん》は『愚管抄《ぐかんしょう》』の中で、「分不相応に高い官職を持つとその人が死んでしまう『官討ち』と呼ばれる出来事が起こることがある。それに目を付けた後鳥羽上皇が、源実朝を『官討ち』にして、滅亡させたのではないか」と書いています。

ただ、この慈円の見方は少し穿《うが》ち過ぎだと僕は思っています。

後鳥羽上皇は、実朝を出世させることで、より自分の言う通りに動かしたかったという方が正しい。あるいは、純粋に実朝のことをかわいがっていたから出世させた可能性もあります。そこに陰謀的な思惑はなく、後鳥羽上皇と実朝は、主従関係として非常に良い関係を築いていたことに注目するべきだと思います。

歴史上の人物の顔触れが大きく変わっていた可能性

でも、この二人の蜜月は、関東の武士たちには気に入りませんでした。「実朝様は朝廷ばかりを見ていて、俺たちのことを気にかけてくれない。そもそも、口出しするご主人様はいらない！」と思われ、結局は実朝も、鎌倉の鶴岡八幡宮《つるがおかはちまんぐう》で暗殺されてしまいます。

そして、四代目将軍以降、鎌倉幕府の実権は北条氏が握り、将軍はほぼお飾りの存在として扱われるようになりました。

さて、ここまで見てみると、もしも比企能員がもっと注意深い人間で、「北条時政は一見俺にペコペコしているけれども、裏では良からぬことを考えているに違いない」と見抜く観察眼があれば、歴史は変わっていたでしょう。

比企氏を倒した後、北条氏はライバルを全員滅ぼして、北条政権を作り上げますが、比企氏を倒せなければ、北条政権はおそらく生まれてはいなかったはずです。

北条政権が誕生していない場合は、比企氏はもちろん、千葉や三浦といった有力な御家人が主体になった権力が生まれたことは間違いない。

場合によっては、有力御家人たちが話し合いで政治を決める合議制が採用され、幕府が運営されていたことも考えられます。

ただ、誰が権力を握ったとしても、やはり鎌倉将軍のように自分たちを正当化してくれる人を、その上に立てていたのではないでしょうか。もちろん、在地領主たちは、「自分たちに指図する人間はいらない」と考えていたため、上に立つ人間は象徴天皇制のような存在だったかもしれません。

もちろん現在の天皇陛下はさまざまな公務をしてくださっていますが、政治などの生臭い事には関わりません。それと同じような「象徴」を仰ぎつつも、実際の政権運営は武士が携わるという政権が続いたことは、きっと間違いないと思います。

仮に比企氏がもう少し注意深かったとしても、権力の象徴を担いだ武家による政権が生まれていたという点では、日本の歴史の大きな流れに変わりはなかったでしょう。ただ、北条氏が大きな権力を振るうことができなかったことになります。そうなれば、鎌倉時代以降の歴史で活躍していた人たちは、現在僕たちが知る歴史にある顔ぶれとは大きく変わっていたのではないかと思います。

第3章　モンゴルから国書がやって来た。もしも、鎌倉武士たちに教養があったら…

元寇《げんこう》は、モンゴルによる日本侵略戦争ではなかった？

日本は他国から侵略されたことがない珍しい国であるとよく言われますが、その例外として言われるのが、モンゴルが日本に向かって攻めてきた元寇《げんこう》です。

「モンゴル軍が日本を侵略しようとしたとき、神風が吹いて、日本を守った……」というお話は、神国日本を強調するため、戦前には何度となく語られたストーリーでした。

元寇当時、日本軍の指揮を執ったのが鎌倉幕府の第八代執権だった北条時宗《ほうじょうときむね》（一二五一―一二八四年）です。

この北条時宗は、戦前には「モンゴルの侵略から日本を守り抜いたヒーロー」として扱われることが多かったのですが、最近はその評価もだいぶ様変わりしてきたようです。

現在、モンゴルを研究していらっしゃる東洋史の先生方の定説は、「そもそもモンゴルは日本を占領しようとは最初から思っていなかった」というものが主流になりつつあるからです。

モンゴルは、十三世紀にモンゴル帝国の第五代目ハンとなった、フビライ・ハン（クビライ・カアン）の時代にいたるまで、騎馬民族ならではの戦闘能力の高さを活かして、各地を侵略し、強靭な世界帝国を築きます。

その中でも、フビライが強い執着を見せたのが中国大陸です。

当時の中国には、漢民族の王朝である宋（南宋）がかろうじて残っていました。弱体化していた宋をモンゴルが亡《ほろ》ぼし、中国大陸に新しい王朝を建てた。それが、モンゴル人の作った「元」という国です。

モンゴルが中国大陸へ執着するのは理解できますが、日本へ同じように興味を抱いていたかどうかは、はなはだ疑問が残ります。地政学的に見ても、大陸から、遠く、海を隔てた陸の孤島である日本を占領するのは、かなり大変です。

当時のモンゴルが日本をどう見ていたのかといえば、おそらく「海の向こうに日本という国があるらしい」程度の認識だったのではないかと考えられます。

鎌倉幕府の武士たちの非礼がもたらした元寇

モンゴルが日本に興味を抱いていなかったのならば、なぜ元寇が起こってしまったのか。

それを知るには、元という王朝を作るにあたって、モンゴルが実践しようとした「中華思想」について触れざるをえません。

中華思想とは、「中国は東アジアだけではなく、世界の中心であり、あらゆる文化の中心である」という古来より中国に伝わる伝統的な思想です。

この場合は、モンゴルの王室、すなわち元がアジアの中心におり、元を中心に文化が花開く。その文化の香りを慕い、周囲の野蛮な国が礼を尽くすために、中国にやってくる。これはまさに、現代の中国でも採用されている考え方そのものです。

中華思想は「華夷《かい》思想」とも呼ばれますが、これは「華」は中国にあり、周りは「夷」、すなわち「えびす（野蛮人）」であることを意味しています。

中国は、北は「北狄《ほくてき》」、東は「東夷《とうい》」、南は「南蛮《なんばん》」、西は「西戎《せいじゅう》」に囲まれている。北の狄であっても、東の夷であっても、南の蛮であっても、西の戎であっても、訓読みすればすべて読み方は「えびす」になります。周囲の野蛮な国々が中国の徳を慕い、挨拶にやって来るべきである。それこそ、中国の古代漢民族が抱いていた、昔ながらの中華思想の在り方です。

モンゴル帝国は漢民族ではないものの、モンゴル民族でありながら中国大陸で王朝を築くのだからこそ、なおさら古くから伝わる中華思想の実践を図ろうとします。

その思想を実現するため、元は周囲の国に「中国に元という新しい王朝が生まれる。だからきちんと挨拶に来い」という国書を送ります。

海を隔てた場所にある日本にも、この国書は届きます。そして、この国書こそが、元寇の発端となったのです。

日本を野蛮扱いする対応は失礼かもしれませんが、その時の国書自体は、非常に丁寧な形式で、決して上から目線で書かれたものではありませんでした。

もちろん文面というものには、表向きの意味の下に、本当の意味が隠れていることも往々にしてあるので、なかには「国書の文章は丁寧ではあるけれども、相手を恫喝《どうかつ》するような意味を隠していたのだ」という研究者もいます。ただ、現在のモンゴルの研究者の意見では、「元からの国書は友好的なものだった」との見方が強いようです。

では、元からの国書が送られてきたとき、日本はどう対応したのでしょうか？

最初に国書を受け取ったのは、朝廷でした。

朝廷は、その手紙を読んだ際、「これは日本を外交の対象と認めて書かれたものである」と理解し、返事を送ろうとしていたことがわかっています。事前に、どんな文面にするかを検討したのか、すでに返信の下書きまで書いていたようなので、準備は万端でした。

朝廷が用意したとされる手紙の文面自体は、現代の僕らからするとかなり高飛車《たかびしゃ》な印象を受けるものでしたが、国書を返信しないよりは全然マシな対応です。

ところが、これに待ったをかけたのが鎌倉幕府でした。

元に返信を送ろうとした朝廷の動きを知った幕府は、国書を奪ってしまいます。そして、「こういう外交的なことは自分たちがやるので、勝手に国書を返信したりしないでほしい」と主張しました。

ところが、朝廷から国書は奪ったものの、幕府はこれを無視すると決め、元へと使いを送ることをしませんでした。

これに対して戸惑ったのが元側です。誠意をもって手紙を書いたのに、なぜか日本は返事をよこさない。僕らだって、丁寧な手紙を書いたのに、返事がなしのつぶてで、メールすら送ってこないとなったら怒るでしょう。

怒った元が「日本をこらしめてやろう」と思った末に起きたのが、一二七四年に起こった第一回目のモンゴルの侵攻となる「文永《ぶんえい》の役《えき》」でした。

土地は痩せ、人々は野蛮。日本は侵略する価値なし

繰り返しになりますが、モンゴルから見れば、海に隔てられた孤島である日本の価値はそこまで高くはありません。

万が一、モンゴルが日本を支配すると考えると、海の向こうに遠征軍を送って侵略戦争をやらなければならないので、陸続きの侵略に比べると、かなりコストもかかります。

そのため、モンゴル側も本音では「日本なんて侵略したくない……」と考えていたに違いないというのが、現在の定説になっています。

しかし、日本史の研究者の中には、「いやいや、モンゴルは是が非でも日本を支配したかったんだ。なぜなら、日本の硫黄《いおう》が欲しかったのだ」と主張する人もいます。

当時のモンゴル軍は、鉄砲は持っていませんでしたが、火薬を使った武器を開発していました。その武器に使う黒色火薬を作るには、硝石《しょうせき》と硫黄と木炭の三つが必要でした。

となれば、モンゴルにとって、硫黄は必需品です。日本を征服すれば、硫黄が手に入る。だから、日本を征服したかったのだ……という研究者もいるのですが、しかし、僕から見れば、これは少し大げさな話です。室町時代などを見てみると、日本は、元の後にできた中国王朝の明と貿易をしています。この時の日本の主要な輸出品は硫黄でした。

それを考えれば、仮に元が硫黄を欲しがったとしても、交易さえすれば硫黄は簡単に手に入ったはずです。もちろん、元と日本の間では戦争をしていたので国交は開かれませんでしたが、鎌倉時代にも民間ベースでの元との交易は、盛んに行われていたことは確かめられています。

また、当時の日本には、硫黄以外に輸出できるほど魅力的な特産物はありませんでした。室町時代にしても、日本の代表的な輸出品として出てくるのは、刀と扇です。刀はまだ理解できますが、工芸品の扇を大量に輸出したからと言っても、さほど儲《もう》かるとは思えません。

正直、主力商品が扇だなんて、どれだけ日本の輸出品はショボイのか……とがっかりしてしまいます。

日本の主な輸出品の代表が刀と扇だったことは、中国に残っている倭寇《わこう》の絵を見ると、よくわかります。倭寇は、南北朝時代から室町時代にかけて、朝鮮半島や中国大陸の沿岸部を荒らしまくっていた海賊です。前期倭寇は日本人が主な構成員だったようですが、後期倭寇は中国人が多かったと言われています。

基本的に、中国では古い美術品や工芸品は文化大革命のときに、みんな壊され、捨てられてしまいました。しかし、現代でも、町を守る「産土神《うぶすながみ》の祠《ほこら》」などといった昔の遺跡から、突然過去の遺物が発掘されることもあります。その中に紛れていたのが、当時描かれた倭寇の図です。

倭寇の絵の中で、日本人がどう描かれているのかを見ると、これが非常におもしろい。彼らの大半は、右手に刀。そして、左手には扇を持っているからです。

倭寇は海賊なので、右手に刀を持つことは理解できます。しかし、踊りを踊るわけでもないのだから、左手に扇を持つ必要はまったくないはず。

戦後のアメリカ映画などで登場する日本人のキャラクターは、必ず眼鏡をかけており、出っ歯で、首からはカメラをぶら下げ、せかせか動く人物として描かれます。これらの特徴を持っているのが、戦後のアメリカ人がイメージする典型的な日本人だからです。

倭寇の絵に描かれる日本人についても、これと同じことが言えます。日本人を描くときは、刀と扇を持っている姿が描かれるほど、当時の中国人にとって「日本といえば刀と扇」という印象が強かったのでしょう。

しかし、それほどまでに残念な交易しかしていなかった日本の文物を、元のような大国が必要としていたとは、僕にはどうしても思えません。

そうすると、ますますモンゴルは日本を支配するメリットはない。

また、モンゴルに「日本は占領するに値しない」と思われていたであろう根拠を、もう一つご紹介します。

元が日本を攻める前、趙良弼《ちょうりょうひつ》という人物がフビライ・ハンの使者として日本にやってきます。彼は一年ぐらい日本に滞在し、現地の様子を見て回り、中国に帰りました。

その際、趙良弼は、フビライ・ハンに対して日本に関する報告をしているのですが、その内容は「日本という国は、土地も痩《や》せているし、人間は野蛮である。だから私の意見としては、わざわざ占領する必要はまるでありません。そんなところに軍隊を送っても、軍隊を送るにはお金が相当かかりますから、そんなことをしても何もメリットはありません」と散々なものでした。

この報告から鑑《かんが》みても、もしも、日本に送られた国書がきちんと解読され、朝廷の使者が元の皇帝に挨拶に行くことが実現していれば、モンゴルは日本に兵隊を送ろうとは夢にも思わなかったでしょう。しかし、国書を無視されるという暴挙があったからこそ、モンゴルは日本を攻めようと考えたわけです。

「文永の役」は、モンゴルの「威力偵察」だった

ここで気になるのが、鎌倉幕府の対応です。

モンゴルに対して、国書を返信しないという無礼な態度を取ったのだから、怒ったモンゴルから攻撃されるリスクがあることは、当然予測できるはず。

しかし、僕が信じられないのは、これだけのことをしておきながら、当時の鎌倉幕府は、元の侵攻に対する備えをほぼ何もしていなかったことです。

それでいざ、モンゴル軍が攻めてきたことを知った北条時宗が、どんな対策を取ったのかというと、「元と戦え」という軍事行動を指示しただけ。

彼が軍事的な総大将として指名したのは、北九州にいた少弐《しょうに》という武士でした。たしか

に少弐氏は九州で一番有力な武士ではありましたが、これは冷静に考えれば、すごく場当たり的で、おかしなことです。

本来ならば、戦争はリーダーが現地に行って、指揮をするのは当たり前です。明治時代、日清戦争が起こったときは、最高統帥である明治天皇が広島まで行き、そこに大本営を築いたことは有名な話です。

そもそも鎌倉幕府は軍事政権ですし、大国・モンゴルと国の命運をかけて戦うのであれば、北条時宗自身が鎌倉から北九州に駆け付けて、モンゴルと戦うのが筋というもの。自分が行かないのならば、少なくとも北条一門の自分の身内を司令官に任命し、北九州に送り込むことぐらいはするべきです。

ところが、一回目の元寇となる文永の役で、北条時宗は鎌倉から一歩も動いていません。これが意味するのは、時宗は国書を無視するという強硬姿勢を取った割には、モンゴルが攻めてきたときの事態を全く何も考えていなかったということです。

それにもかかわらず、なぜか日本は文永の役では、勝利しました。厳密に言えば、勝利というよりは痛み分けのようなもので、日本側の損失も大きかったのですが、それでもかろうじて日本が文永の役に勝利した理由として、様々な説があります。

そのなかで有力視されている説の一つが、「モンゴルが一回目にやってきた文永の役は、威力偵察だったのではないか」というものです。

威力偵察とは、自衛隊などでも使われる用語ですが、簡単に言えば、偵察のことです。ただ、偵察する際に、兵器もなければ兵士の数も少なく、軍隊の体《てい》をなしていないようでは、万が一敵に遭遇したとき、すぐに潰されてしまいます。

それでは本拠地に帰って情報をもたらすことができない。偵察の役目を果たすためには、ある程度軍隊の体をなす数の兵や軍事的な装備も必要です。そこで、軍事的準備を備えて偵察に行くことを、威力偵察と呼びます。

戦前は、「文永の役で日本が勝ったのは、神風のおかげだ」と言われていましたが、このときはモンゴル軍による威力偵察だったので、すぐに引き返しただけで、本当は風など吹いていなかったのではないかと現代では考えられています。

お粗末な軍事対策でも日本が勝利した理由は、「神風」ではなく「台風」

偵察かもしれないと言われている文永の役よりも、もっと大規模で、本格的な侵攻となったのが、一二八一年に起こった「弘安《こうあん》の役」です。
ところが、この弘安の役の前に、再び鎌倉幕府はどうしようもない事件を起こします。文永の役の後、一応、事を穏便に済まそうとしたのか、モンゴル側はもう一度日本に使者を送っています。そこでうまく話し合いが進めば、事は収まったかもしれません。しかし、こともあろうに、鎌倉にいた北条時宗は、モンゴルから来た使者の首をはね、殺してしまいます。

これを知ったモンゴルは、「日本はやはり野蛮な国だ」と思い、第二回目の遠征軍を送り込み、弘安の役が勃発《ぼっぱつ》します。

二回目の侵攻ともなると、さすがの平和ボケしていた北条時宗も、前回よりは多少は戦《いくさ》への備えをしていたようで、軍事の総大将に北条一門を送り込むなどしています。

苦戦を強いられたものの、最終的には今回も日本はモンゴルの侵攻を阻止することができました。なぜ、日本が弘安の役を勝利することができたのか。その理由として、よく挙げられるのが「博多に築いた防塁《ぼうるい》が極めて威力があった」というものです。

防塁とは、石を積み上げて作った砦《とりで》のことで、モンゴル軍の侵攻に対して、この砦が防衛の拠点となり、効果を発揮したのではないかと言われているのです。

ただ、僕自身はこの説には異論を唱えたいと思います。

なぜなら、モンゴル軍対策に建てられたというこの防塁は、非常にお粗末な代物だからです。

博多には、現在でもこのときに使われた防塁がいくつか残されており、今でも見ることができます。しかし、実物を見てみると、「え、こんなものですか?」とがっかりするほどお粗末です。北条時宗が、綿密な準備をしてこれを準備したとは到底思えません。

もちろん、「裸一貫で戦うよりは、まだマシ」という考え方もあるかもしれませんが、これでよく大国・モンゴルを撃退しようと考えたものだなと呆れてしまいます。

では、何がモンゴル軍の敗因になったのかというと、「風」という説が根強いです。

モンゴル軍が海上に集結しているところに大風が吹き、兵士たちが散り散りになったおかげで、日本軍は勝利することができた。

このときの風は「神風だ」とも言われましたが、おそらく台風だったのではないかと思われます。もっとも、一部の研究者は「その時に台風は起きなかった」という説もあるのですが、台風がなければ日本がモンゴル軍に勝利できた理由が思いつかないほどに、当時の日本の軍事対策は残念なものでした。

なぜ、鎌倉武士たちは、元《げん》の国書に強硬姿勢を取ったのか

神風の有無はさておき、二回に渡るモンゴル軍との戦いでなんとか敗北を免《まぬが》れた日本。

ここまで元寇の一連の流れを見た上で、やはり最大の疑問である、「そもそも、どうして鎌倉幕府の武士たちは、丁寧に書かれた元の国書に対して、強硬姿勢を取ったのか」という謎に触れたいと思います。

本章でも何度もご説明してきたように、幕府側が国書にきちんと返信していれば、元寇という戦自体が起きなかった可能性は極めて高い。

なのに、なぜ、国書を返信しなかったのか。それは、鎌倉武士の教養レベルが大きく関係しているのではないかと僕は思います。

この当時、貴族たちには「この国書は丁寧に書かれたものである。きちんと返信しなければならない」と思うだけの十分な教養がありましたが、一方の武士たちの文化レベルといえば、読み書きができるのは、ごく少数派。鎌倉幕府を支えた有力な御家人たちですら、文字の読み書きができない程度の教養しか持ち合わせていませんでした。

こうした集団の中では、源氏の出身で、教養があり、十分に読み書きもできた初代将軍

の頼朝がありがたがられるのもよくわかります。

北条時政も、もとは伊豆国の国衙《こくが》に出仕する役人だったため、非常にうまい字を書きます。読み書きができた時政は、頭を使うのもうまかった。今でいえば、腕力だけを売りものにするのではなく、頭の良さも駆使する経済ヤクザのようなイメージでしょうか。

前章でも触れたように、北条氏が汚い手口でライバルを続々と陥れていったのも、知恵があったからかもしれません。

一方で、文字の読み書きができないと、複雑な思考をするのは難しい。文字を読めない鎌倉の武士たちは、物事を深く考えることも苦手だったかもしれません。

そんなわけなので、鎌倉武士の大半が、モンゴルから来た国書がいかに丁寧に書かれていたとしても、その意を汲み取ることができませんでした。

鎌倉武士が世界情勢を意識していれば、日本の歴史は変わっていた

しかし、仮に武士たちの教養が足りず、手紙の意図を読み取れなかったとしても、当時の鎌倉武士たちには、その内容を知る方法はいくらでもあったはずです。

まず、朝廷の貴族たちは手紙の内容を理解できる文化レベルを持っていたので、彼らに聞くなり、対応を任せるという手段もありました。

もしくは、当時の鎌倉には、中国からやってきた禅宗の僧侶たちがいました。鎌倉の武士たちは禅宗と深いかかわりがあったので、彼らとの交流もあった。中国の考え方を知りたいのであれば、僧侶たちに聞いてもよかったはずです。

当時は日本と元は民間レベルでの交易も行っていたので、貿易商人たちに中国の事情を聞くこともできた。

こうした様々な方法で、国書の内容を理解するなり、中国の事情を知っておくなりしておけば、「挨拶に行けば、相手のメンツも立つだろう」とすぐにわかったはずです。仮に挨拶には行かなかったとしても、少なくとも、丁寧に返信だけでもしておけばよかった。そうすれば、元側も、日本にわざわざ兵隊を送り込むようなことはしなかったのではないか。

もしも、鎌倉武士がもうちょっと世界情勢に対して敏感になっていて、「他国ではどんなことが起きているのか」と関心を持っていたならば、こうした事態は防げたはずです。

周囲の事情を知らず、仲間内で大きな顔をすることを「夜郎自大《やろうじだい》」と呼びますが、まさに当時の鎌倉武士たちはこのような存在でした。

「俺たちは偉い」「俺たちは強い」といくら日本国内で言ったとしても、世界の国から見たらちっぽけな存在です。こうした鎌倉武士たちの不遜《ふそん》さが、元寇を招いたと言っても過言ではありません。

結果的には元の侵攻をなんとか防ぐことができたとはいえ、鎌倉武士たちが、もう少し、教養を持っていれば、あるいは世界情勢を読み取ろうとする努力を行っていれば、今とは違う歴史があったのではないかと思います。

元寇の「神風」の逸話から、「日本は神の国」と信じた人々

元寇が日本の後世に与えた大きな弊害は、「神風」の存在です。

日本に向かってきた並み居るモンゴル軍が、大風に遭い、大陸へと逃げ帰って行ったという話を、いったいどこまで多くの人が真面目にとらえていたのかはわかりません。

ただ、太平洋戦争の時、元寇の例を持ち出して、「あの戦いでも証明されたように、日本は神様に守られた国だ。だから、本当に大変なことになったら神風が吹いて、アメリカの艦隊が海の藻屑《もくず》になる」と真剣に信じていた人も少なからずいたことは事実です。

実際、このエピソードから、日本は神の国だと信じ、命を散らした若者たちも大勢いた。そこで生まれた数々の悲劇は、皆さんもご存じの通りでしょう。

それを考えると、元寇は、後世にろくな影響を与えていません。もしも、北条時宗をはじめとする鎌倉武士たちに、もう少し教養があったなら、この悲劇は避けられたかもしれません。

さらに、もう一つの可能性として、元の侵攻に日本軍が破れていた場合は、現在の歴史はどうなっていたのでしょうか。

コスト面や資源面から考えても、当時の元が日本を支配下に置くことに、そこまで興味を持っていたとは考えづらいです。

だから、日本が敗北後、一時的に占領されたとしても、日本全土はもちろん、九州全土を占領することもなく、すぐに帰ってしまったのではないかとも思います。

ただ、こうして考えてみると、海に隔てられていたという立地条件は、日本の外交を考える上で、非常に重要なポイントであったということを思い知らされます。

元寇の後、モンゴル帝国は徐々に衰退していきますが、その大きな要因となったのはペストの感染でした。当時のヨーロッパで大流行したこの病原菌が中国大陸に持ち込まれ、中国でもペストは猛威を振るい、大流行しました。その結果、モンゴル帝国は倒れます。

ただ、幸いなことに、海を隔てていた日本には、ペストは届きませんでした。もしも、元の侵攻を防げなければ、ペストが日本に届き、流行していた可能性もゼロではない。

世界的な流行をした疫病といえば、コレラも有名です。日本にこれらがやってきたのは、幕末です。つまり、江戸の後期になって、ようやく病原菌がやってきたわけで、それまでは国を滅亡させるような危険な病原菌はほぼ来ていないわけです。

コロナ禍を経た現在だからこそ、「海に隔てられているという地理的条件」が日本の歴史では大きな役割を担っていたことを、改めて痛感せざるをえません。

第４章　もしも、後《ご》二《に》条《じょう》天皇が若くして亡くならなかったら…

浄土宗の存在が、一部の鎌倉武士の考えを変えた

鎌倉時代に起こった出来事で、後世の歴史に大きな影響を与えたもの。その一つは「後《ご》二《に》条《じょう》天皇（一二八五―一三〇八年）の早逝《そうせい》」だと僕は思っています。

本章で、この後二条天皇の早逝について説明する前に、まずは当時の幕府が、朝廷にどういう考え方を持っていたのかを紹介していきます。

当時の幕府が抱いていた朝廷に対する考え方は、大きく分けて二つありました。

一つ目は、「朝廷は幕府と敵対関係にある。だから、幕府は御家人の利益だけを追求すればよいのだ」という従来からある考え方です。朝廷が大きな力を持てば、それだけ幕府の力も低下する。朝廷は幕府と競い合う相手であって、協力し合う相手ではない。だから、

対立し合ったままでよいのだとするものです。

もう一つ、新たに武士の間に生まれたのが「今後の幕府は、朝廷と協力してやっていくべきだ」という考え方です。

こうした新しい考えが生まれた一つの契機は、浄土宗の教えです。

前章でお伝えしたように、鎌倉時代の武士たちの知的レベルは決して高くはありませんでした。しかし、この頃、浄土宗の教えが日本社会に広まっていました。

南無阿弥陀仏《なむあみだぶつ》と唱えると、お金を持っていなくても、勉強していなくても、修行に耐えられなくても、みんなが極楽往生できる。この教えの意味するところは、身分の差なく、仏の前では誰しもが平等であるということです。

次第に、武士たちの中でも、「力のあるものは、一般の人たちをよりよい生活に導く義務を持っている。だから、よりよい社会にすることを考えなければならない」という浄土宗の教えが浸透していきます。そこで、その教えに影響を受けた武士たちの中に、民をかわいがろうとする「撫民《ぶみん》」の意識が生まれていきます。

今までは戦う事しか知らないし、民は富を収奪する対象としか考えていなかった武士たちが、次第に「自分たちは社会のリーダーなのだから、ちゃんと仕事をしよう。民をかわいがらねば」と考え始めるようになった。これは大きな変化でした。

では、民をいたわりつつ、国を統治するにはどうしたらよいのか。

そこで、出てくるのが朝廷の存在です。

幕府と朝廷は同じような目的を持っている存在で、突き詰めるところ日本の社会のトップです。リーダーだからこそ、日本の社会に生きている人々を、より良い明日に導かなければならない。そのために、幕府と朝廷は手を取り合って、共に同じ目的を達成するために、民を治めて、国を豊かにしなければならないのだと、考えたのです。

優秀な貴族による政治と幕府との融和を掲げていた後宇多《ごうだ》上皇

しかし、「幕府＝御家人の利益を追求すべし」というグループと、「朝廷と仲良くして、民をかわいがろう」というグループの対立はいっこうに止むことがなく、次第に対立が激化した末、一二八五年には両者による軍事衝突が勃発《ぼっぱつ》。「霜月騒動《しもつきそうどう》」という事件へと発展します。

その結果、勝利したのは「幕府＝御家人の利益を追求すべし」と考える人々のグループでした。この際、「幕府は朝廷と協力すべきである」という人々は、滅亡してしまいます。

幕府側が真っ二つに割れるなか、朝廷側も二つの派閥に分かれていました。

一方は大覚寺統《だいかくじとう》、もう一方は持明院統《じみょういんとう》。交互に皇位を継承するという約束のもと、この二つの陣営に皇室が分かれ、競い合うようになりました。これが、のちの南北朝へとつながっていきます。

このとき、朝廷が二つに割れた理由については、「幕府＝御家人の利益を追求すべし」と主張した幕府の連中が実権を握った時に、朝廷が二分されるように仕向けたのであろうと僕は思っています。

この人たちにとって、朝廷はライバルであり、御家人の敵です。

朝廷が一つにまとまって巨大な力を持つよりは、二つに割れ、両グループがお互いに攻撃する状態が続いてくれたほうが、彼らにとっては都合がよかった。

そして、二つに分かれたうちの一方である大覚寺統を率いていたのが、後宇多《ごうだ》上皇（一二六七―一三二四年）という人物です。

後宇多上皇は「朝廷にはきちんと民を治める役割があり、幕府と手を携えてやっていかなければならない」と提唱する進歩的な人物でした。また、彼は「きちんと世を治めるためには、選抜された優秀な貴族たちによる政治を行うことが必要だ」と強く主張していました。

今の世では、優秀な人が政治を行うのはごくごく当たり前のことのように思いますが、当時の朝廷は、こんな当たり前がまかり通らない場所でした。

そこでは世襲が極めて強力な支配原理として作用しており、大納言《だいなごん》の息子は大納言になるし、右大臣の息子は右大臣になる。無能な人間が偉くなることも往々にして起こりました。

でも、後宇多上皇は「これはいけない」と危機感を抱き、世襲ではなく、有能な人を抜擢した。今でいう内閣制度に近しい政治を行おうと考えたのです。

ただ、こうした「世襲をやめて、優秀な人間による政治を行おう。そして、幕府と協力関係を取ろう」とする姿勢は、後宇多上皇の時代に始まったものではありません。

かねてから、朝廷の在り方というものに危機感を抱いていた歴代の上皇たちは、必死に時代に適応するために、様々な努力をしてきていました。その中で、特に後宇多上皇の時代は、幕府と融和的な関係を築き、有能な貴族を抜擢して政治を行おうという意識が、朝廷の中でも最高レベルにまで高められていた時代だったのです。

中継ぎ役として、棚ぼた的に皇位に着いた後醍醐《ごだいご》天皇

そして登場するのが、冒頭で言及した後二条天皇です。

後二条天皇は、後宇多上皇が寵愛していた皇子で、大覚寺統のリーダーとして皇位につきます。

しかし、この後二条天皇は、若くしてこの世を去ってしまい、持明院統の花園《はなぞの》天皇が即位します。その間、後宇多上皇は後二条天皇の忘れ形見である邦良親王《くによししんのう》を、次の天皇に据えようと考えました。

ところが、ここで障害となったのが、大覚寺統と対立する持明院統の存在です。

持明院統側も「自分たちが皇位を取りたい」という願いを持っているわけなので、ここにまだ幼い子どもを天皇に据えるのは大覚寺統にとってはよろしくない。

そこでやむなく、後宇多上皇は、自分の息子であり、後二条天皇の弟でもある後醍醐《ごだいご》天皇（一二八八―一三三九年）に、皇位を継がせることにしました。

ただ、あくまで後宇多上皇が、皇位を継がせたいのは邦良親王でした。正直、後醍醐天皇に対する愛着はなく、幼い邦良親王が大きくなるまでの中継ぎ役としか考えていません

でした。

まさに棚ぼた的な形で皇位についた後醍醐天皇でしたが、この人は日本史上でも稀《まれ》に見るほどに、自己主張の激しい人物だったことが、歴史を大きく変えます。

戦前までは「後醍醐天皇は、鎌倉幕府を倒したスーパーヒーローだ」「天皇親政を強く打ち出した名君だ」と考えられていましたが、実態は違います。

後醍醐天皇が天皇親政を進めたのは、自分が朝廷の権力者であり、日本の権力者であるという自覚が非常に強いがゆえに、その力を行使したかったからです。

自分は単なる中継ぎではなく、しっかりと政治をやり、ゆくゆくは父のような上皇になり、自分のかわいい息子に皇位を譲りたいと、後醍醐天皇は考えていたのだと思います。

とにかく権力欲丸出し！　実は名君ではなかった後醍醐天皇

後醍醐天皇はとにかく権力欲丸出しの人なので、当然幕府との協力など考えません。

父である後宇多上皇が温め続けた「朝廷と幕府が協力して国を統治する」という案は、後醍醐天皇が皇位についたことで、すぐに立ち消えになります。

さらに、後宇多上皇が提案していた「有能な貴族による政治」も失敗します。最初はよりよい政治を行うために後醍醐天皇の元に集まってきた優秀な貴族たちにも、すぐに「あれ？　後醍醐天皇って、自己主張が強過ぎて、政治のやりにくい人じゃない？」と気付かれてしまい、早々に逃げられます。

結果、天皇のもとには有能な貴族はいなくなったので、後醍醐天皇は、能力は無視して、自分のお気に入りの貴族を次々と抜擢し、政治を行うようになります。

その後の後醍醐天皇は、幕府と協力しないだけではなく、あからさまに幕府との対決姿勢を打ち出し、さらには「挙兵をして幕府を倒せ」という倒幕計画を立てます。しかし、これがまたお粗末な計画でした。

何がダメだったかというと、後醍醐天皇は、倒幕を企てたものの、武力についてはほとんど考えていなかった点です。

実は後醍醐天皇の前にも、「朝廷は幕府を倒すべきだ」と考え、全国の武士に号令を出した人物がいます。それが、源実朝とも仲が良かったと前述した後鳥羽上皇です。

後鳥羽上皇は、全国に号令をかけた際、幕府に仕えていてもおかしくないような有能な武士を一生懸命スカウトし、彼らをまとめ上げ、朝廷の軍隊を組織して、一二二一年に

「承久《じょうきゅう》の乱」を起こし、幕府と戦いました。

上皇が武士をスカウトしたのは、後白河《ごしらかわ》上皇の時代から、朝廷に武力が必要なときは興《こう》福寺《ふくじ》や比叡山などの僧兵を頼りにしていた反省からです。僧兵の武力だけでは、どう考えても本物の武士にはかないません。

それがわかっていたからこそ、後鳥羽上皇は承久の乱を起こす際には、僧兵の力を借りるのではなく、幕府の陣営に手を伸ばし、自分に味方してくれる武士を組織し、武力を確保しようと考えたのです。

しかし、後醍醐天皇はそうした努力は一切せず、またもや僧兵を頼りにして、幕府に戦いを挑みました。その戦いは二回に渡って行われましたが、準備も何もしていないので、当然どちらも敗北しました。

一三二四年に起こった最初の政変・「正中《しょうちゅう》の変」で、後醍醐天皇は戦わずしてあっさり敗北。その際、彼は「この政変に、自分は関係ありません」と言って幕府に弁解したため、幕府側も深追いはせず、後醍醐天皇の罪はほとんど問いませんでした。

そして、一三三一年に、後醍醐天皇が再び起こしたのが「元弘《げんこう》の変」です。しかし、こちらも敗北。さすがに、二回目ともなれば後醍醐天皇も捕まり、隠岐《おき》へと島流しにされます。

普通の人なら、島流しにされたら「自分は負けたのだ……」と流刑地でおとなしくしているものです。でも、後醍醐天皇はやる気に満ち満ちた人だったので、ここで話は終わりません。

隠岐の島に流された後も、「まだまだ私はやれる！」とばかりに小船をチャーターし、隠岐を脱出。中国地方にたどりつき、鳥取県にある伯耆大山《ほうきだいせん》の隣の船上山《せんじょうさん》に立てこもります。

鎌倉幕府崩壊の理由は、「元寇」と「北条氏の独裁政権」だった

船上山に留まり、意気盛んな後醍醐天皇からの命を受け、倒幕に尽力したのが足利尊氏《あしかがたかうじ》（一三〇五―一三五八年）をはじめとする御家人たちです。彼らの奮闘によって、鎌倉幕府は倒れ、後醍醐天皇による「建武《けんむ》の新政」が行われました。

こうした歴史の流れを見ると、まるで後醍醐天皇の働きかけが鎌倉幕府に作用して政権を取り、武士の政権である幕府を潰したかのように見えるかもしれませんが、実態はそういうわけではないだろうと僕は思っています。

では、なぜ幕府が滅びたのかというと、その原因の一つには元寇があります。この二度に渡るモンゴルとの大きな戦いは、鎌倉幕府の主従関係の致命的な亀裂を生みました。

当時の主従関係の大原則は、家来が主人のために命をかけて戦うことで、主人が新しい土地を与えてくれるというもの。ところが、モンゴルと戦った際、日本軍は攻撃を防ぐのに精いっぱいで、先方の土地を奪うことができません。そのため、幕府は命をかけて戦った武士たちに、新たな土地を与えることはできなかったのです。

本来であれば、北条氏が自分たちの持つ土地を、報償として武士たちに分け与えればよかった。しかし、北条氏はそれをしなかったため、御家人たちの不満は、ますます高まっていきます。

もう一つ、鎌倉幕府が倒れた要因は、霜月騒動で御家人ファーストを掲げる勢力が勝ち残ったことです。

この人たちは「幕府は御家人のために存在するのだから、御家人の利益を追求して何が悪い」という思想の持ち主です。それに対して、社会からの不満が表面化してきたのです。

昔の北条氏は、私たち御家人は民をかわいがろう、と統治行為の先頭に立ちました。

しかし、モンゴルと戦ったのに土地を与えられない御家人を力で従わせるために、北条氏はどんどん高圧的・専制的になっていきました。

こうした北条氏の姿勢に対する反発や不満が、御家人の間に、また社会にも蓄積されていきます。そこに後醍醐天皇の倒幕の呼びかけがあって、鎌倉幕府が滅亡したのではないかと思います。

後醍醐天皇の「建武の新政」に挑戦状を叩きつけた足利尊氏《あしかがたかうじ》

しかし、鎌倉幕府の後、新たに生まれた建武の新政は、朝廷がこれまでやってきた積み重ねをぶち壊し、再び、幕府との対立関係を生みだします。

そもそも後鳥羽上皇の承久の乱が起こる前の朝廷は、伝統を口にするだけで、とくに何もしなくても税金を取れるような楽な立場にいました。ところが、承久の乱で幕府に負けた後、朝廷は窮地に立たされます。

自分たちも、従来のように君臨するだけではなく、もっと世の中がよくなるようにサービスをよくする必要があると気づかされた朝廷は、「これからはもっとリーズナブルな権力になるように努力するから、これまで通りに税金はくださいね」と方針転換を図ったのです。

だからこそ、後宇多上皇が掲げたように「より良い政治を行い、民をかわいがる世の中を作るために、有能な貴族の抜擢が必要である」との考えが生まれたのでしょう。

大覚寺統と持明院統が並び立つようになった時にも、「どちらがよりリーズナブルな存在になるため、その目標を達成できるか競争だ」と、代々の天皇たちが一生懸命頑張った。

ゆえに、鎌倉時代の後期の天皇は、みな勉強家で、名君ぞろいです。

ただ、そうした歴代の天皇たちによる努力は、後醍醐天皇という一人の帝王が現れたことで、すべてご破算になってしまいました。

「有能な貴族の抜擢」については、後醍醐天皇になった途端、有能な貴族たちの方が、後醍醐天皇を避け、政治の表舞台から降りてしまったのは、すでに述べた通りです。

その後、建武の新政をやったものの、武士の政権が再びできることを恐れた後醍醐天皇は、武士を無視した政治を行うようになり、足利尊氏は大勢の武士たちから「これはいくらなんでもひどすぎるでしょう！」と詰め寄られます。その結果、尊氏は建武の新政に挑戦状を叩きつけ、後醍醐天皇の政権は崩れ去りました。

こうした背景があったため、建武の新政が倒れ、足利幕府ができた時には、朝廷の力はさらに低下。その後は、幕府が朝廷に対して強い影響力を持つようになっていきます。

日本の天皇と武士政権のあり方を大きく方向づけた「後二条天皇の早逝」

ここで歴史のＩＦ（もしも）を考えてみましょう。

もし、後二条天皇が若くして亡くならなければ、彼が大覚寺統のリーダーになっていたことは間違いない。そして、ゆくゆくは上皇になり、その子どもが天皇になっていたはずです。

そこでは、後宇多上皇が掲げていた「朝廷は幕府と上手くやって、民をかわいがらなければならない」「有能な貴族を抜擢して政治をやらないといけない」という信念が守られていたことは間違いありません。

一方の幕府側は、北条氏の独裁が続く以上、遅かれ早かれ潰れ、鎌倉幕府に代わって、なんらかの武士政権が誕生していただろうと僕は思います。

そして、その武士政権は、おそらく自らの正当性を主張するために、朝廷と仲良くやろうと試みていたはずです。

もしも後二条天皇が生き続け、後醍醐天皇が皇位を継がなければ、朝廷と幕府の関係は、もっと穏やかに推移していた。そして、将軍を中心とした武士たちだけが強力な権力を持ち、朝廷に干渉するのではなく、朝廷と手を取り合って、民のことをもっと考えた、より良い政治が行われていた可能性があります。

それを考えると、日本の天皇と武士政権のあり方を大きく方向づけた「後二条天皇の早逝」こそ、鎌倉時代以降の歴史に大きな影響を与えた出来事だったのではないか。そう、僕は思わざるを得ません。

B、室町時代のIF《もしも》

第5章　もしも、足利尊氏《あしかがたかうじ》が大好きな後醍醐《ごだいご》天皇に反逆しなかったら…

実は後醍醐天皇が好きだった、足利尊氏

室町幕府を開いたのは、ご存じの通り、初代将軍である足利尊氏《あしかがたかうじ》です。彼は後醍醐《ごだいご》天皇が推進した「建武《けんむ》の新政」創業の立役者でありながら、同時に建武の新政を終わらせた人物でもあります。

しかし、足利尊氏が後醍醐天皇のことを憎んでいたかというと、決してそんなことはありません。むしろ、尊氏の個人的な想いとしては、後醍醐天皇という人物に対して、非常に親近感を覚えていたようです。

軍記物語『太平記』を見てみると、周囲の武士たちから挙兵を迫られつつも、なかなか尊氏が後醍醐天皇への反逆に踏み切れないという様子が、克明に描かれています。

まず、足利尊氏の後醍醐天皇への想いについて説明する前に、「そもそも、なぜ尊氏が後醍醐天皇を倒そうと思ったのか」について、簡単にご紹介していきます。

鎌倉幕府を倒した後、後醍醐天皇は歴史上では久々に、天皇による政治、すなわち天皇親政をスタートさせました。

後醍醐天皇は「天皇の権力こそが絶対」というタイプの人だったので、建武政権下では、これまでよりも武士の立場は格段に軽んじられ、存在感がどんどん薄れていき、彼らの意見は無視されるようになりました。

そうなれば、当然、武士たちの不満は募っていきます。この不満は建武政権内にいる武士たちにも及び、多くの武士たちが、有力武士であった足利尊氏に対して「武士の立場を向上させるためにも、立ち上がってください」と直訴します。

しかし、当の尊氏本人は、いかに周囲の武士から嘆願があっても、しばらくは建武政権に反逆せず、後醍醐天皇の仕打ちに耐え続けていました。

なぜ、尊氏は後醍醐天皇に長い間反逆しなかったのか。その謎を考えるのが、本章のポイントになります。

後醍醐天皇に無視された「自分を征夷大将軍に任命してほしい」という嘆願

先に事実関係を見ていくと、武士の力を認めてくれない建武政権への不満が募り募って、各地で武士たちが反乱を起こします。

その中で一番大規模だったものが、一三三五年に起こった「中先代《なかせんだい》の乱」です。「先代」という言葉は鎌倉幕府のことで、それに対して「後代」、すなわち後の時代とは室町時代のことを指します。この乱は、鎌倉時代と室町時代の間に起こった出来事なので、「中先代」という呼び方をされています。中二階みたいなものでしょうか。

乱の首謀者は、鎌倉時代の最後のボスであり、十四代執権であった北条高時《ほうじょうたかとき》（一三〇四―一三三三年）の息子、北条時行《ほうじょうときゆき》（一三二二―一三五三年）でした。

父である高時は、鎌倉幕府を倒そうとする武士たちに追い詰められ、最後は鎌倉で自害しています。その忘れ形見である時行が、諏訪《すわ》で兵を挙げ、「鎌倉幕府をもう一度再興しよう」と周囲に呼び掛けました。「自分たちの意見や要望は何も聞いてもらえない」と建武政権に失望していた当時の武士たちは、次々と北条時行の軍勢に参加。反乱軍はどんどん大きくなり、ついには鎌倉を占領するほど、勢力を拡大させました。

そこで、鎌倉から京都の朝廷へ救援要請が飛び、後醍醐天皇の命を受けた尊氏は、鎌倉を攻めるために京都を出発します。

その出発前に、尊氏は後醍醐天皇に対して、あるお願いをします。

それは、「自分を征夷大将軍《せいいたいしょうぐん》に任命してほしい」というもの。

なぜ、尊氏がこんなお願いをしたのかというと、この時代、武士との間に主従関係を結ぶには、征夷大将軍になるのが一番確実な方法だったからです。

自分が将軍になれば、武士たちに対して「お前たちの土地を守ってやる。その代わりに、私に味方をして、何かあったときには私と一緒に命をかけて働いてほしい」と言うことができる。そうすれば、武士たちとの間に確実な主従関係を結び、鎌倉の反乱軍を打ち破ることができるのだと後醍醐天皇に伝えたのです。

この尊氏の説明は、非常に理にかなっています。

三代の源実朝《みなもとのさねとも》が亡くなった後、四代目の藤原頼経《ふじわらよりつね》以降の鎌倉将軍は、ほぼ形だけの存在ではありました。ただ、仮に「形だけ」であったとしても、一応「将軍」という立場の人がいて、その人をトップに仰ぎ、武士たちが命令に従うという形式は続いていた。つまり、「将軍」という土地を保証する権威の存在は必要だったのです。

だからこそ、尊氏は後醍醐天皇に自らの将軍任命を要請したものの、天皇の答えはノー。「絶対にそれは認められない」と、断固として拒否の意を示したのです。

このとき後醍醐天皇が危惧したのは、尊氏を将軍として認めると、武士の政権が出来上がってしまうのではないか、ということでした。

もし、武士の政権ができてしまえば、天皇や貴族が政権を運営する建武の新政自体が根幹から崩れ去ってしまう。いかに尊氏の頼みであっても、武士による武士だけの政権というものは、認められないという考えだったのです。

そこで、反乱鎮圧のために東へと向かった尊氏は、鎌倉幕府を立ち上げる前の頼朝《よりとも》と同じ行動を取りました。

鎌倉幕府初代将軍の源頼朝《みなもとのよりとも》も、旗揚げした当初は朝廷から官職などはもらっていません。肩書は何も持たないままに「俺のために戦え。戦ってくれたら、お前の土地を守ってやる。さらに、手柄を立てたら新しい土地をやる」と言って、各地の武士たちを仲間に取り入れ、味方を増やしていきました。

私は頼朝様の再来である、と訴えて頼朝と同じ行動を取れば、自分にも味方がどんどん増えるはずだ。

そう考えた尊氏は、征夷大将軍という肩書こそないものの、「将軍」と同じ行動を取り始めたのです。彼の呼びかけは武士たちの心をつかみ、東に進むにつれて、自らの勢力を拡大することに成功しました。鎌倉へ攻め入ったときには、北条時行の軍勢を圧倒し、鎌倉奪還を果たしたのでした。

「治世」とは、軍事と政治の両輪で行われるものである

ここでの問題は、後醍醐天皇率いる建武政権側が武士の政権というものを一切認めなかったことです。

実は、後醍醐天皇が出現する以前の朝廷は、武士の政権というものを認めていました。むしろ、武士の政権を認めず、朝廷だけで日本列島は治めることなどできないと考えられていたのです。

朝廷には独自の軍事力はありません。たまに軍事力が必要になるときは、平安時代後期から僧兵を頼っていました。

為政者が軍事力を持たないというのは、様々な問題が生じます。

仮に、優秀な官僚組織が練りに練った法律や政策を生み出し、世に公布したとします。その法律や政策をすんなりと社会や民が受け入れてくれればいいのですが、事はそう簡単ではありません。

朝廷がどんなに世の中のためになるような素晴らしい命令を出しても、「そんな法律に従ったら、俺は損するから無視しよう」「俺は自分のやりたいようにやりたいから、従いたくない」と考え、自分の私利私欲のために命令を守らない人も出てきます。

民百姓や社会の利益のために良い施策を打ち出したとしても、それを守らない人が出てきてしまったらどうすればいいのか。

世界史を見ても、官僚が作った施策を受け入れない人が出た場合は、軍隊でその人の行動を抑えるのが常識です。「抑える」というのは処罰するレベルのものから、滅亡させてしまうレベルのものまで様々あります。

現代で置き換えるならば、警察権力のようなもの。今の世の中では、法律を守らない人は、犯罪者として逮捕されます。これと同じことです。

つまり、優れた施策を出しても、軍事力がなければ従わせることができない。現代のように「話せばわかる」なんて言葉は通用しません。

一九三二年に起こった「五・一五事件」のとき、銃を突きつけられた犬養毅《いぬかいつよし》総理大臣は「話せばわかる」と言ったそうです。ですが将校たちはその言葉には全く耳を傾けず、結果、総理は殺されてしまいました。

こうした「自分が気に入らない法律は守らない」という野蛮な行為は、昔はもっと頻繁に行われていました。

だから、どんなに素晴らしい施策が打ち出されても、「自分が嫌だったら認めない」という主張が、まかり通ってしまうことも多かったわけです。

この前提に立つと、中央集権国家が強力な権力を持ち、安定した治世を行うためには、官僚組織と軍隊の両輪を持っていることが必要不可欠です。

当時の朝廷には、官僚組織に近いものはあったものの、軍隊はまるでありません。いわば、軍事力に関しては、幕府に「おんぶに抱っこ」の状態です。朝廷のお膝元である京都の治安ですら、朝廷は幕府に頼んでいました。

朝廷には軍事力がないという決定的な欠陥がある。だから、どうしても武士の力を借りざるをえない。それを理解していたからこそ、歴代の天皇たちは幕府には逆らえず、「幕府の協力を仰ぎながら、どうやって日本列島を治めていくかを工夫していくべきだ」という方法論を作り上げたのです。

それでも武士を否定したかった、後醍醐天皇

先にも登場した後醍醐天皇の父である後宇多《ごうだ》天皇という方は、国を治めるには幕府の軍事力が必要であることを重々理解していたからこそ、「幕府と朝廷が仲良くして、手を結び、日本列島を治めていく」という方法論を、ひときわ強く主張していた人物でした。

ところが、後醍醐天皇はそうした主張を素直に受け入れる人物ではありません。武士という存在は、あくまで天皇や貴族の命令をただ、承知しました、と受け入れていればよい。そう決めつけて、政権から締め出してしまったのです。

こんな態度を取られれば、武士たちは足利尊氏に期待します。

「尊氏どの！　鎌倉幕府のように、ぜひ武士の政権をもう一度作ってください」と。

その流れは、歴史上避けられないものでした。いかに尊氏が後醍醐天皇に対して個人的に好意を持っていたとしても、時代の流れを考えると、彼は武士たちのために、後醍醐天皇に反逆しなければならなかったのです。

さらに、尊氏が武士たちと主従関係を結んでいると聞いた後醍醐天皇は、「それは謀反《むほん》である」と怒り狂います。

自分は認めた覚えはないのに、尊氏は勝手に武士たちに「土地の安堵、すなわち土地の保証をするから、自分の言うことを聞け」と言って回っている。それは、自分が武士のリーダーとしてふるまっているのと同じことであると、後醍醐天皇は考えました。

これは、建武政権、すなわち朝廷への反逆に他ならない。だから、尊氏は討たねばならない。

そして、後醍醐天皇から、尊氏討伐の命を受けたのが、同じ源氏の名門の出である武士・新田義貞《にったよしさだ》です。義貞が自分を討ちに来るという知らせを聞いた尊氏は、果たしてどう思ったでしょうか。

後醍醐天皇のために、鎌倉に攻め入ったのに、あまりの仕打ち。これに怒って謀反するのは、当然の流れのように見えます。

新田義貞《にったよしさだ》に追われても、謀反《むほん》を躊躇《ちゅうちょ》する「ウジウジ尊氏」

しかし、このとき、尊氏は後醍醐天皇に謀反することに対して非常に腰が重く、ひどくウジウジとした様子を見せます。

彼の弟の直義《ただよし》が「今立ち上がらなかったら滅亡だ。俺たちは滅ぼされてしまうぞ」と兄に呼び掛けるも、尊氏は「いやあ、謀反人って言われるのは嫌だな。それに、俺は後醍醐天皇のこと好きなんだよな……」と躊躇《ちゅうちょ》している様子が、『太平記』には描かれています。

歴史小説家であり、直木賞も受賞された門井慶喜《かどいよしのぶ》先生は、以前、僕が対談させていただいた際、こうおっしゃっていました。

「いつか足利尊氏を主人公にした長編小説を書きたいという夢があるんだが、そのタイトルは決めてある。タイトルは『ウジウジ尊氏』」

冗談か本当かはわかりませんが、門井先生から見ても、尊氏はとにかくウジウジと悩んでいる印象があるということでしょう。

悩む尊氏に対して、業《ごう》を煮やした弟の直義は「兄さんが立ち上がらないならばしょうがない。自分は戦争が下手だけど、俺が大将になって、新田義貞と戦う！」と言って、鎌倉を出て、箱根《はこね》に防衛ラインを引きます。

箱根は山が多いので、敵が攻めてきたときに、守るのにちょうどいい場所だったのですが、それにもかかわらず、直義はボロボロに負けてしまいます。

「弟の直義様が敗れました！　どうしましょう」という部下の言葉を聞いたのか、あるいは弟の直義から「兄さん、助けてくれ！」との要請が来たのかはわかりませんが、直義敗戦の知らせを聞いた尊氏は、ようやく自分が立ち上がることを決意します。

そして、自分を攻めてきた新田義貞と戦い、打ち破ります。

挙兵に成功した後、鎌倉にとどまった頼朝と京都へ向かった尊氏

箱根の戦いで足利尊氏が勝利し、新田義貞が京都を目指して逃げていった後、足利勢の首脳陣たちが集まり、「さあ、今後我々はどう行動するべきか」と議論をしました。

実は、鎌倉幕府を立ち上げる前、源頼朝もこれと同じようなシチュエーションに陥ったことがあります。

伊豆で挙兵をして、石橋山《いしばしやま》でボロボロに負けた後、房総《ぼうそう》半島に逃げて力を復活させた頼

朝。平清盛《たいらのきよもり》は、関東で力を拡大させる頼朝を危険視し、自分の孫である平維盛《たいらのこれもり》を総大将にして、頼朝征伐軍を関東に送り込みます。

それを聞いた頼朝は、「よし、平家を迎え撃とう」と決めて、静岡県の富士川を防衛ラインとして、平家の軍と戦いました。そこで、かの有名な水鳥の羽音のエピソードが登場します。深夜、富士川で水鳥が羽ばたいた音を聞き、平家軍が「源氏軍が夜襲を掛けてきた」と恐れをなして、戦わずして逃げてしまった。

逃げ帰る平家軍を見た頼朝は、すぐさま、「よし！　この勢いに乗って、逃げる平家を追撃し、叩き潰そう。そして、京都を目指そう」と考えました。

そのとき、頼朝をいさめたのが、上総《かずさ》を代表する武士である上総広常《かずさひろつね》、下総を代表する千葉常胤《ちばつねたね》、それから相模《さがみ》を代表する三浦義澄《みうらよしずみ》の三人です。この有力な武士たちが、今にも京都へ行こうとする頼朝の馬の轡《くつわ》を押さえ、

「頼朝様。あなたがやらないといけないことは何ですか？　京都に行くことですか？　違います。関東の野に、関東の田舎に政権を作ることです。我々武士たちの政権を作りましょう」

と言って、説得します。

それに対して、頼朝は、
「分かった。よく言ってくれた」
と理解を示し、富士川から鎌倉へ引き返し、鎌倉にとどまります。その後、頼朝が京都に足を運ぶ事は、生涯で二回しかありませんでした。

さて、頼朝の場合は、京都まで攻め込もうとはせず、鎌倉に留まり、関東での支配力を安定させることを選んだ。これに対して、足利尊氏はどうしたのでしょうか？

新田義貞が京都へ逃げ帰った後、尊氏軍の首脳部で話し合いがもたれた際、尊氏の弟・直義から上がったとされるのが「俺たち武士は、武士の都である鎌倉へ帰るべきではないか」という声でした。

しかし、その後の尊氏たちの軍勢は、逃げる新田勢を追いかけて、京都に入り、占領します。この京都に攻め入るという決断は、後醍醐天皇に反逆するという意志の表れであることは間違いない。

では、この発案は誰のもので、誰が決定したのかというと、それはおそらく尊氏であったと僕は考えます。

足利勢のナンバー2である直義の「鎌倉へ帰ろう」という意見が否定されたのならば、

「京都に行こう」と言ったのは、足利勢のナンバー1であった尊氏に他ならない。それが、自然な推測です。

尊氏は、戦《いくさ》の前には散々「後醍醐天皇に逆らいたくない」と言っていましたが、新田義貞の攻撃を受け、弟が負けた際に、「もう駄目だ、しょうがない。俺が立ち上がるしかない。このまま行くと、武士の世の中が崩壊してしまう」と覚悟を決めたのでしょう。

その後、京都に攻め入った尊氏は、本格的に後醍醐天皇と戦い、勝利します。そして、「関東には戻らず、このまま京都を拠点にしよう」と考えました。

後醍醐天皇を弔うために生まれた、天龍寺と天龍寺船

足利尊氏は、最後の最後まで後醍醐天皇に刃向かいたくなくて、ウジウジ悩んでいたわけですが、なぜ、ここまで尊氏が後醍醐天皇に反逆することに躊躇したのか。その理由の一端には、宋学の影響があると考えられます。

中国の宋の時代に、儒学はさらなる発展を遂げ、宋の学問、すなわち「宋学」と呼ばれるようになります。そして、中国から渡来した僧侶たちを通じて、宋学は日本列島へも伝

来しました。

その教えの中でも繰り返し強調されたのが、「主君に忠誠を尽くすことは、人間として非常に美しい行いである」という考え方です。当時、宋学に影響を受けて、主君である天皇を深く信奉する武士が出てきても決しておかしくはありません。

足利尊氏が後醍醐天皇という人に個人的に忠節を尽くしたのは、こうした宋学の影響も少なからずあったのでしょう。

尊氏のライバルとなって戦い、湊川《みなとがわ》の戦いで散っていった楠木正成《くすのきまさしげ》も、同様です。よくよく考えてみれば、後醍醐天皇の「武士を排除しよう」とする考え方や、自分の思うままに利用しようとする姿勢は、同じく武士であった正成にとっても理不尽なものだったでしょう。

それでも彼は、「主君には忠誠を尽くすべきだ」と信じて疑わず、後醍醐天皇のために、死んでいった。

足利尊氏が、楠木正成のように「主君には忠誠を尽くすべきだ」との考え方を最後まで変えなければ、そのまま立ち上がらなかった可能性は大いにあります。

現に、建武政権を打ち破った後も、尊氏は後醍醐天皇を丁重に扱っています。

戦いの後、後醍醐天皇は志半ばで、吉野《よしの》の山中で亡くなるのですが、それを知った尊氏と弟の直義は、本来は敵方である後醍醐天皇の菩提《ぼだい》を弔うため、天龍寺《てんりゅうじ》という非常に立派なお寺を建立します。

この天龍寺は今でも現存していますが、それは見事な建築で、建てるには相当にお金がかかったことが予想されます。

その天龍寺を作るための巨額の資金を獲得するため、足利尊氏と直義は中国と交易を始めました。このときに交易で使われた船は「天龍寺船」と呼ばれています。

この事実を考えても、尊氏と直義は、後醍醐天皇に対して、非常に強い敬意を持っていたことがうかがい知れます。尊氏が倒幕まで考えずに、そのまま後醍醐天皇の言いなりになっていたとしても、決しておかしくはなかったでしょう。

室町幕府成立時期は、一三三八年で正しいのか

ここで一つ取り上げたいのが、「室町幕府はいつから始まるのか？」という疑問です。

室町幕府の成立時期について、かつての歴史の教科書には、一三三八年だと記されてい

ました。これは、南朝の後醍醐天皇と対立する北朝の天皇から、足利尊氏が征夷大将軍に任命された年です。

しかし、鎌倉幕府との関係性で考えるのならば、その説は違うのではないかと研究者たちは考えました。

本書でもすでに紹介したように、鎌倉幕府の成立時期は、十数年前までは「いい国作ろう、鎌倉幕府」のフレーズでおなじみの一一九二年だとされていました。これは、源頼朝が天皇から征夷大将軍に任命された年です。

現在は、鎌倉幕府の成立時期に関して、一番有力な説とされているのは「一一八五年説」です。これは、源頼朝が朝廷から日本全国の国に守護と地頭を置ける権利を受けた年です。この段階で、頼朝の力が全国に及んでいることがわかる。だからこそ、一一八五年こそが、頼朝が鎌倉幕府を開いた一番有力な説として、教科書でも紹介されているのです。

同じように考えるのであれば、室町幕府が開かれたのは、足利尊氏が征夷大将軍に任命されたときではなく、実質的に尊氏が武士たちのリーダーとして活躍したときではないか。それは幕府の憲法ともいうべき、「建武式目」が制定された一三三六年。形式にこだわる必要はありません。

また、僕が考えるに、頼朝は朝廷からのお墨付きをもらう以前に、自分の実力で武士たちを束ねていました。それを考えると、彼が「お前の土地を俺が守ってやるから一緒に戦え」と言い出した時期である一一八〇年、すなわち源頼朝が鎌倉に拠点を構えたときに、すでに鎌倉幕府はできていたのではないか。

この論理で考えると、室町幕府が成立したのは、「建武式目」制定よりさらに前となる。足利尊氏は、後醍醐天皇からは征夷大将軍の任命を拒否されたものの、その後、自分に味方してくれる武士と主従関係を構築しながら、北条時行の軍勢を鎌倉から追い出します。このときにすでに室町幕府は開かれたと言ってもいいのではないでしょうか。

ただ、室町幕府は京都の室町にあるからこそ、「室町幕府」と呼ばれているため、源頼朝が鎌倉を拠点にした経緯と同じように扱うのは、気になる人もいるかもしれません。しかし、やはり幕府を考える上で重要なのは、尊氏が武士のリーダーになり、武士たちを束ねるのに成功したタイミングだと僕は思います。

そう考えると、尊氏が武士たちを味方につけて、鎌倉を落としたときに、すでに室町幕府という新たな武士の政権が始まったといってもおかしくないでしょう。

尊氏が後醍醐天皇に反逆しなかった場合、それでも幕府は生まれたに違いない

では、本書の主題である「一人の人間が歴史的にどれだけ大きな影響を与えることができるか」という問いに立ち返り、「もし、尊氏が後醍醐天皇に反旗を翻《ひるがえ》し、立ち上がらなかったとしたらどうなっていたのか？」という問いを考えてみましょう。

万が一、尊氏が後醍醐天皇に反逆しなかった場合、足利幕府は生まれなかったと考えます。ただし、足利幕府に代わるような武士の政権自体は、「間違いなく生まれていただろう」と思います。

当時、ガス抜きができない武士たちの不満が募り、日本各地で反乱が頻発していたことを考えると、誰かしら尊氏のように格上の「将軍になれる武士」の中から、武士たちの期待を集め、新しい武家政権を生み出す人が出てきていたはずです。

誰がリーダーとなって新たな政権を生み出していたかを考える上では、「なぜ、そもそも後醍醐天皇への不満がたまり、武士たちが自分たちのリーダーを求めた際、足利尊氏が選ばれたのか」という問いに立ち返ることで、その理由を明らかにできます。

本書でも何度かご説明しましたが、この時代の武士たちは源氏や平氏のように「朝廷と

のつながりがある武士」と、在地領主のような「朝廷とのつながりをもたない武士」たちの間に、明確な格差を見ていました。

武士たちのリーダーになるには「朝廷とつながりのある武士」である必要がありました。では、どんな武士が「朝廷とつながりのある武士」だったのでしょうか。

たとえば、鎌倉将軍である頼朝が、富士川の戦いに勝利し、京都に行こうとした時、三浦、千葉、上総という在地領主たちが反対した理由の一つは、「頼朝様は関東を治めて、自分たち在地領主の権利を守らなくてはいけない。この時、頼朝様には明確な敵がいます。それらを討って、あなたは勝ち残る必要があります」というものでした。

敵とは、具体的に言えば、朝廷とつながりを持つ源氏の名門である佐竹《さたけ》氏や足利氏、新田氏、小笠原《おがさわら》氏などのことです。そもそも頼朝は「源」という姓で呼ばれていますが、「木曽義仲《きそよしなか》」という名で知られる源義仲のように、源頼朝も「鎌倉頼朝」という呼び方をすることもできる。

つまり、源氏の一段格上の家の人たちは、頼朝と基本的な立場は一緒です。みんな「武士のリーダーになりうる家」だったので、頼朝のライバルになっていても決しておかしくはなかった。もちろん頼朝は、その中で一番毛並みがよかったわけですが。

だから、三浦や千葉、上総は「京都に攻め入るのではなく、鎌倉にしっかりと拠点を作り、佐竹や足利、新田、小笠原などの名門のライバルたちの中から、抜きん出た存在にならねばならない」と、頼朝を諭し、思いとどまらせたのです。

実際に、佐竹氏は頼朝と敵対し、敗北。新田氏も頼朝に刃向かったことで、家運は著しく低迷します。ところが足利氏は頼朝に服従したので、鎌倉幕府の中でも高く評価され、優遇されます。

頼朝は、鎌倉幕府内でも、自分に刃向かわずに味方した源氏の一門を一般の御家人《ごけにん》より上に置き、大切にしました。

こうした経緯があるからこそ、鎌倉幕府の中でも足利氏は特別な存在であり、鎌倉幕府が途絶えた後は、「武士を率いる人物は、北条氏の次は足利殿しかいない」という雰囲気が武士の間に流れたのです。

だからこそ、足利尊氏が室町幕府を成立させたわけですが、もしも足利尊氏が立ち上がらなかった場合は、武士たちは新たに、武士の不満を代弁してくれる存在を探します。

逆にいえば、「朝廷とのつながりがある武士」は、尊氏以外の人間であっても、武士たちのリーダーとなる可能性が十分にあったのです。

さらに、一層リーダーとなる可能性が高かったのは、源氏の一族であり、なおかつ頼朝が認めた家の中で勢いのある武士の誰かであったはず。そして、その人物を中心として、新しい武士による政権が作られたのではないでしょうか。それは具体的には、佐竹、小笠原、新田などでしょう。

「貨幣経済対策」のため、拠点はやはり京都になっていたはず

それから、仮に別の人物による武士の政権が立ち上がった場合、どこに拠点を置くかで、その政権の命運は大きく分かれたのではないかと僕は思います。

次の武士による政権が、足利幕府と同じように本拠地を京都に置いていたならば、政権は安定したでしょう。しかし、もしも、京都以外の場所に置いていたとしたら、その政権は、早々に倒れていたのではないか。

僕がそう考える理由は、当時の経済構造の大きな変化にあります。

鎌倉時代の中期、一二二六年から一二五〇年くらいまでの二十五年間。この間に日本列島には大量の中国銭が流入し、銭による貨幣経済というものが初めて日本列島全体に浸透

しました。

しかし、問題は、武士たちに、貨幣を使いこなすだけのスキルが無かったことです。いまだに「商売下手」を指して、「武士の商法」と言いますが、その語源通り、武士たちにはお金を使って様々な生業《なりわい》を立てようとするスキルがありません。

明治維新後、身分制度がなくなり、多くの武士が商売に手を出したものの、結局、お金を失ってしまう事態が多発しましたが、それと同じことがすでに鎌倉時代の後半にも起こっていました。

武士たちにとって、これまで「財産」と言えば土地でした。

土地を耕し、収穫物を得る。そんな昔ながらの農民のような生活で、武士たちは生活を営んできたわけです。

ところが、突然、貨幣経済が日本列島に根を下ろし、武士たちは、困惑します。

鎌倉時代、知的エリート層には、儒教の考えが根付いていました。儒教では「商業は何も生み出さない。右の物を左に移すだけで利益を得ている。しかもそのお金を貸し付けて、利息まで取っている」として、貨幣経済や商業というものは忌み嫌われていました。

商取引を迫害するのは、儒教だけではありません。ユダヤ人が貸金業を営んでいたことを理由に、不当な差別を受けていたのは有名な話です。

ヨーロッパでは、宗教改革で思想家のジャン・カルヴァンが「勤勉な労働と質素な生活は宗教的な行為だ」と提唱し、商業を再評価しました。

その結果、神の御業《みわざ》としての商業という概念が生まれ、現代にも続く資本主義という考え方が生まれた。逆に言えば、長い期間に渡って、「商業」という地位は世界的には低く見られていたのでした。

先に挙げた儒教の影響もあったことで、日本でも古来より「商い」の地位は、少し低く見られていたことは間違いありません。

北条政権はそうしたことも作用してか、貨幣経済に対応できていませんでした。「土地」から「貨幣」へと、経済基盤をうまく転換できなかったことも、北条氏が衰退した大きな理由の一つでしょう。

尊氏が京都に拠点を置いた最大の理由

新田義貞を撃破した後、足利尊氏が政権を京都に置こうとした最大の理由は、政治的な意味合いだけではなく、京都が商業的な意味で重要な立ち位置を持っていたからです。

京都は、日本列島内で行われるすべての物の流れが集約される場所であり、常に商売の中枢でした。だからこそ尊氏は、「京都を押さえる」と考えた。

そうすることで、当時の武士たちにとって喫緊の課題だった、貨幣経済への対応を試みたのです。

おそらく尊氏は、「貨幣経済へ対応できなかった北条政権は、時代遅れの政権だった。だから滅びることになったのだ」ということを、見抜いていたのだと思います。

そこで、尊氏は、商売、すなわち貨幣経済を重要視したために、京都に自分たちの拠点を置きました。京都に本拠地を置くことで、農業よりも、物流などの経済を中心とした権力を作り上げ、税金を徴収する形で幕府を運営したのです。

その狙いが成功し、室町幕府は「土地」から「貨幣」へと、経済基盤をシフトしていきました。

仮に、足利尊氏以外の人物が、武士の政権を作ったとしても、安定した政権を作るのであれば、貨幣経済への見識を多少なりとも持つ必要があったでしょう。

貨幣経済について理解がある武士であれば、やはり京都に本拠地を置くはずです。

もし、その経済の本質を見抜けず、北条政権のように鎌倉を拠点にするなどして、京都以外に本拠を求めたら、だれが将軍になったとしても、早々に失敗していたに違いない。僕はそう考えるのです。

第6章　もしも、足利義満《あしかがよしみつ》がもう数年生きていたら…

足利義満は「天皇」になろうとしていた？

室町幕府の第三代将軍として栄華を誇った人物。それは、足利義満《あしかがよしみつ》（一三五八―一四〇八年）です。

もしも彼が数年生きていたら、天皇になっていたかもしれない。そんな説があることをご存じでしょうか。

そもそも「万世一系《ばんせいいっけい》」といえば天皇家、天皇家と言えば万世一系」と言われるように、いかに世界広しとはいえ、これだけ長い歴史が続いている王族があるのは日本だけだと言われています。

「天皇家は万世一系である」とする主張は、明治の元勲、すなわち明治の偉い人たちが、新たに日本という近代国家を作る際、「今後、日本が世界を相手にしていく上で、日本ならではのアイデンティティを打ち出さなければならない」と考えた末、天皇家に注目して、「天皇家は万世一系である」と強調したのがきっかけです。

当時の世界的情勢では、エチオピアの皇帝も日本と同じぐらい歴史が古かったものの、一九七五年にハイレ・セラシエという皇帝が暗殺されたことで、その歴史に終止符が打たれてしまいました。

まさに今、世界中で日本だけが、万世一系の王族を戴《いただ》いているのです。

ほかの国の王族が「キング」と呼ばれるなか、日本の天皇だけが「エンペラー」と呼ばれるのは、明治の元勲たちが、「日本の天皇はいかに古い歴史を持っているのか」と世界に向けて発信し、世界がその主張を認めてくれた証拠でもあります。

とはいえ、正直、僕自身は若い頃、「何でそんなに万世一系を有難《ありがた》がるのだろう」と思っていました。ただ、外国の方と話すと、「万世一系」の威力を感じる場面は決して少なくありません。

王室への敬意が根強いイギリスの人と話をした際は、「日本の天皇は、すごい歴史を持っている。こうした長い歴史を持つ王族を尊重する国柄はとても尊敬できる」と言われたし、韓国や中国の友達には、「日本には長く続く王族がいて、いいなあ」と羨《うらや》まれたこともあります。

たしかに、天皇という存在を廃することはできても、今から新たに作ることはできません。その点で言うと長い歴史を持つ皇族がいることには、意味があるのだろうと思うわけです。

しかし、これに対して非常に挑戦的な学説を出されたのが、帝京大学文学部特任教授の今谷明《いまたにあきら》先生です。

今谷先生が強調したのは、室町幕府の第三代将軍の足利義満、つまり、足利尊氏の孫に当たる義満は天皇家を簒奪《さんだつ》することを目論《もくろ》んでいたという説です。「簒奪」とは、皇位を奪うことを意味し、義満は自分自身が天皇になろうとしていた。もう少し義満が生きていたら、彼が天皇になるはずだったのに、その直前に亡くなってしまったために、その簒奪は成し遂げられなかった。そう今谷先生はおっしゃっています。

「万世一系」の天皇の皇位を奪うことは、天皇制を否定することと同じ

もし、本当に今谷先生が言われるように、足利義満があと五年、十年ほど長生きしたら、天皇家を奪う可能性はあったのか。

ここで考えておきたいのが、「皇位を奪うこと」と、「天皇を否定すること」の違いです。義満が考えていたのは、天皇そのものをなくしてしまうということだったのか。「天皇」という存在自体は残しつつ、天皇の中身を変えようと考えていたのか。

僕の友人であり、東京大学大学院の法学政治学研究科教授で、法制史を教えている新田《にった》一郎《いちろう》君は、「天皇がいなくなる世界と、昔から続いてきた万世一系の天皇たちに成り代わり、足利義満が天皇家を乗っ取り、皇位を継いでいく世界には大きな違いがある」と昔から言い続けていました。

ただ、僕自身は、その主張については、少し疑問があります。

日本の天皇というものが、万世一系であり、はるか昔から続いている家柄の人々を指すのならば、その人たちを廃して「天皇という地位」だけを残す状態とは、天皇の存在自体を否定することとほぼ一緒だと思うからです。

中国の皇帝の場合、争いで勝利したものが「皇帝」という地位を手に入れるため、皇帝の家柄や血筋は、時代とともに異なります。

漢の時代を例にとれば、前漢、後漢の皇帝の名字は劉《りゅう》でした。『三国志』には劉備《りゅうび》という人物が出て来ますが、彼は前漢の王朝の末裔《まつえい》だったと言われています。

同じく『三国志』で魏《ぎ》を治めていた曹操《そうそう》は、彼自身は皇帝にはなりませんでしたが、息子・曹丕《そうひ》が皇帝の位を奪ったことで、その時代は曹が皇帝の苗字になりました。

その後、曹家から皇帝の座を奪ったのが司馬《しば》家だったため、晋王朝の皇帝の苗字は司馬に移り変わります。このように、中国の場合は、皇帝という地位は無くならないものの、血筋はどんどん入れ替わっていきます。

この状況であれば、「皇帝の座を奪うこと」と「皇帝という存在自体を否定すること」には、大きな違いがあるかもしれません。

けれども日本の場合は、天皇と言えば、昔から歴代で続く皇族の方々を指します。

足利家が天皇になるならば、それは天皇という存在自体を否定することとほぼ一緒であると考えるべきだと僕は思います。

本章ではこの前提を確認した上で、今谷先生が主張していたような「もしも義満が、もう少し長生きしていたならば、皇位の簒奪が実現したかもしれない」という議論について、その当否を考えていきたいと思います。

権力を持ちつつも、北条氏はなぜ将軍にならなかったのか？

そもそも義満が、天皇から皇位を奪うことは可能だったのでしょうか。

これを考える上で、参考になるのが鎌倉幕府における北条氏の存在です。

鎌倉時代に関する疑問として、これまで僕が数多くの方から質問されてきたのが「どうして、権力を持っていたにもかかわらず、北条氏は鎌倉幕府の将軍にならなかったのか」というものです。

当時の鎌倉幕府は、初代将軍の頼朝の妻である北条政子《ほうじょうまさこ》の実家である北条氏が、鎌倉の執権という位を世襲し、鎌倉幕府内で大きな力を振るいました。しかし、北条氏は実権を握ってはいたものの、最後まで将軍にはなりませんでした。

なぜ、北条氏は将軍にならなかったのか。それとも、彼には将軍になれない理由があったのか。

この問いについて、僕は長年に渡って考え続けてきたのですが、結論としては、「将軍になろうと思えばなれたけど、賢い北条氏は将軍にならないことを選んだ」という答えが一番正しいのかなと思うようになりました。

北条氏は、頼朝の義理の実家ではあったものの、足利氏や新田氏、佐竹氏のような源氏の名門とは違い、元来は将軍にはなれないレベルの家でした。

さらに、平家の中でも筋の良い平家、すなわち朝廷とずっと関わりを持ち続け、朝廷に仕えているような、「将軍になろうと思えばなれる平家」の人々は、当時ほかにも存在しました。

北条氏は、もとは平家の血筋ではありましたが、朝廷とのつながりはすでになく、いわば将軍になれる家ではなかった。だから、仮に、将軍家には本来なれない家柄である北条氏が、将軍になるとすればかなりの異常事態です。

もちろん武士の社会は実力社会ですから、武力を使って、「どうだ、文句言えないだろう」と押さえつけてしまえば、北条氏が将軍家になることは、不可能ではなかったとは思います。

もしくは、北条氏が幕府内を実力でとりまとめ、朝廷に対して「我が北条家はこんな大きな力を持っています。だから、私を将軍に任命してください」と言ったならば、朝廷は北条氏の威勢を恐れ、将軍に任命せざるを得なかったでしょう。

では、なぜ北条氏は将軍になって、ストレートに権力を振るわなかったのか。

僕が考えるその最大の理由は、自分たち北条氏が将軍になることで、「将軍になれる家となれない家がある」という武家社会の秩序を崩すことを、北条氏自身が避けたのではないかというものです。

これまで大切にしていた武家社会の秩序を否定し、北条氏が無理やり将軍になった場合、朝廷とのつながりがないゆえに「将軍になろう」という野心を持たずにおとなしくしていた有力な御家人たちが、「北条ばっかりが良い目を見やがって」という形で反発してくることは必至です。

そうなれば、北条氏は支持を失い、もっと早くに滅亡していたでしょう。

その点、北条氏は賢かった。一時の権力欲に流されず、「将軍の補佐役」という立場を堅持しつつ、権力をほしいままにする策を取ったわけです。

こうした鎌倉幕府の北条氏の事例を見ながら、「足利義満は天皇になれたのか」という問いを考えてみると、おそらく「足利義満は天皇になろうと思えばなれたのではないか」

とは思います。

「生きている天皇は邪魔」「木や金で作った天皇を置けばいい」

実力的には、足利義満が皇位を簒奪することは可能であった。

では、なぜ義満は天皇にならなかったのかを考えるときには、「当時の武士たちが、天皇の存在をどう思っていたのか」を知る必要があります。

ここまで見てきたように、鎌倉時代の武士たちは、自分の行動を正当化してくれる自分たちよりも上位の存在、すなわち「朝廷とのつながりのある武士」を、自分たちのリーダーとして仰いでいました。そういう点では、実力社会に生きているはずの武士たちも、権威というものに非常に敏感だったのです。

また、足利尊氏が後醍醐天皇に反逆することに長らく躊躇《ちゅうちょ》していたことからも、当時から天皇の権威というものは、大切にされていたと考えられます。

しかし、戦いが常態化していた南北朝時代は、身分制度や天皇制などといったこれまでの伝統的な秩序観念を持たず、実力主義の世の中へ、と社会通念を変えようとする人物が多々登場します。そんな彼らは、「婆娑羅大名《ばさら》」と呼ばれました。

そんな婆娑羅大名の代表が、足利尊氏の腹心の部下である高師直《こうのもろなお》（？―一三五一年）という人物です。

『太平記』には、高師直が言って憚《はばか》らなかったという、ある言葉が記載されています。それは「生きている天皇なんて邪魔だから、木で作るか金で鋳《い》るかして置いておいて、生身の天皇は島流しにしてしまえ」というもの。

ほかにも、同じく婆娑羅大名の一人である美濃《みの》の土岐頼遠《ときよりとお》（？―一三四二年）のあるエピソードも有名です。

土岐が笠懸《かさがけ》（流鏑馬《やぶさめ》に比べて、より実戦的な騎射）からの帰り道、光厳《こうごん》上皇の牛車に出くわします。

当時は、自分よりも身分の高い人物に出会ったら、目下の人間は道を譲るのが通例でした。上皇のような尊い存在に出会ったならば、馬から降り、平伏するべきです。しかし、土岐はその時何を思ったのか、全く上皇への礼を尽くそうとしません。

業を煮やした上皇のお付きの家来が、「こちらは上皇様であるぞ、その無礼は何事であるか！」と咎《とが》め立てると、土岐は、「院と言うか、犬と言うか。犬ならば射て落とさん」

と言って、上皇の一行に向かって矢を射かけたのです。

そして、彼が射た矢のうちの一本が、光厳上皇の肘《ひじ》に突き刺さるという事態になります。もしも当たり所が悪ければ、上皇が死んでもおかしくない。これはとんでもない乱暴狼《ろう》藉《ぜき》です。

この話を聞き、政務を担当していた、尊氏の弟である足利直義は真っ青になり、慌てて土岐頼遠を逮捕します。

土岐の仲間たちからは「彼を助けてくれ」という助命嘆願が山のように来ましたが、秩序を重んじる直義は嘆願には断固として耳を貸さず、彼を斬首の刑に処しました。

全く理解できないのは、なぜ土岐はそんなバカなことをやったのかです。別に彼が上皇に乱暴を働いても、得られるものなんてなに一つありません。

でも、まったくメリットがないのに、こういう馬鹿なことをする人たちが出てきたのが、この時代の特徴の一つではあるのですが。とにもかくにも、この二人のエピソードから、鎌倉時代まで続いていた「天皇＝敬うべき対象」という考え方に、大きな変化が生まれつつあったことが、理解できると思います。

「南北朝時代」が五十七年間続いたのは、武士たちが天皇を必要としていたから

一方で、気になるのは、高師直の「生きている天皇なんて邪魔だ。木で作るか、金で鋳るかすればいい」という言葉です。

言葉通りに受け取るなら、高師直は天皇のことを、面倒くさい存在だと思っている。ただ、その言葉の裏側を読み解けば、彼のような天皇を尊重しない人間であっても、「物を言わず、お飾りであっても、天皇という存在は必要だ」という意識は持ち合わせていたのです。

自分たちが政権運営をするにあたって、天皇は必要だ。これが、当時の武士たちの共通認識だったのだという気がします。

なぜ天皇は武士にとって必要だったのか。それは、繰り返しになりますが、「自分の行動を正当化してくれる存在が欲しい」からです。このポイントを押さえておくと、混乱を極めた南北朝時代が五十七年間も続いた理由も見えてきます。

ご存じのように、鎌倉時代と室町時代の間に存在した南北朝時代には、北朝と南朝という二つの王朝がありました。

これは、建武の新政の崩壊を受け、足利尊氏が擁立した光明《こうみょう》天皇が率いる北朝に対して、京都から吉野へ逃れた後醍醐天皇が「我々の方が本物の朝廷である」と主張して、南朝を建てたからです。

ただ、南朝が、北朝に対して五分五分に渡り合っていたのは、実は後醍醐天皇が吉野に脱出してから一、二年程度という短い時間に過ぎません。

それ以降は、多くの人が「あんな田舎にある南朝なんて存在しないのと同じようなもの」だと思っていました。

軍隊も持っていないし、住んでいるのも吉野の山奥なので、経済力も無い。ほぼ実体というものを持たないような、誰にも顧みられることがないぐらい弱体化した王朝でした。

もしも、北朝と南朝が正面から戦うことがあれば、南朝はどうやっても勝つことができないので、南北朝時代は五十七年も続くことなく、勝負はとっくについていたはずです。

しかし、それでも一三九二年まで南朝がずっと存続できたのには、理由があります。

この頃の足利幕府内では、軍事を担う兄の尊氏と政治を担う弟の直義の間で争いが起こっていました。

天皇や朝廷の権力を取り込んだ幕府を作ろうとする尊氏と、鎌倉時代のように朝廷とは全く別に政権を確立したいとする直義。政権の中枢にいる両者の意見の違いはやがて争いを生じ、それは次第にどんどん激化していきます。

ついに足利兄弟がそれぞれに、「俺の味方をしろ」といろんな有力大名たちに働きかけたことで、日本列島が尊氏派と直義派の真っ二つに分かれます。

この時期は、幕府内にいる人間であっても、兄の尊氏が勝つか、弟の直義が勝つかがわからず、先が読めないほど不安定で流動的な状態でした。

その末に、足利家の内紛として一三五〇年に表面化したのが、「観応《かんのう》の擾乱《じょうらん》」という戦いです。

しかし、このように日本が二つに割れていたからこそ、形骸《けいがい》化していても、南朝は生き残ることができたのだと僕は思います。

なぜ、足利家兄弟の争いに、南朝の存続が関係しているのか。それには、再び「天皇の権威による正当化」が大きく関わっています。

兄の尊氏側が、北朝の天皇に「私のやることの後ろ盾になって下さい。私の行動を正当化してください」とお願いする。その許可が出た場合、弟の直義はその対抗手段として、「じゃあ、私は南朝に降伏して、南朝の天皇に認めてもらおう」という行動を取りました。

この二人の動きからも、弱体化して名前ばかりの存在であっても、「天皇というものに認めてもらいたい」という気持ちを、幕府なり武士たちが持っていたことがわかります。

そして、一三五二年に直義が死亡。これは、おそらくは尊氏による暗殺だと言われています。

これによって二人の戦いに終止符が打たれたかのように見えましたが、その後、尊氏の息子の義詮《よしあきら》（一三三〇―一三六七年）と、直義の養子の直冬《ただふゆ》（一三二七―？年）という次世代に持ち越されていきました。

南北朝時代に終止符を打った、三代将軍・義満

足利直冬は、実の父は尊氏なのに、弟・直義の養子として育てられたという、非常に複雑な出自の持ち主です。しかも二代将軍の義詮より二歳年上なので、足利の本家を継いでもおかしくない人物でした。

なぜ、こんな複雑な関係になったのかというと、尊氏がせっかく生まれた息子を、自分の子として認知しなかったのが発端です。

生まれた息子を認知しない兄を見た弟の直義が「それはかわいそうだよ。じゃあ、私の所には子どもがいないから、私がこの子を育てるよ」として、叔父である彼が直冬を引き取り、自分の跡継ぎとして大事に育てたわけです。

つまり直冬は、父の尊氏に愛されなかったという不遇な過去を持ち、「自分は親父には認められなかった」という苦い想いがある一方、自分を育ててくれた実の叔父に対しては強い恩義を感じていた。そして、彼の死後は、なんとしてもこの恩に報いねばならないと思い、実の弟である二代将軍の義詮と戦うことを選択します。

この戦いも熾烈《しれつ》を極め、またもや日本は真っ二つに分かれます。

そして、この二人にしても、双方とも「自分の行動は間違ってない、と内外に示したい。そのためには天皇に『お前は正しい』というお墨付きをもらいたい」という気持ちがあったため、再び、自分たちの親世代のように南北両朝の天皇による権威付けを求め、南北朝時代はさらに続いていきます。

南北朝時代が終了したのが、三代将軍の義満の時代です。

この頃には、足利家の分裂が収まり、義満は全国の武士のトップに君臨しました。

将軍が一人ならば、北朝と南朝という形で皇室を二つに割って相対化するような小細工はいりません。義満は北朝の天皇に自分の存在を認めさせればそれでいい。そうなれば、弱体化して実体を持たない南朝は不要となり、存在価値はゼロになりました。

平清盛を抜いて、朝廷でも大出世を遂げた義満

南北朝時代という乱世には、天皇を軽視する風潮もありましたが、三代将軍である義満には、初代将軍の足利尊氏が抱いていた「幕府と朝廷の権力を一体化させる」という考え方が強く引き継がれていたようです。

当時、朝廷において存在感を持つ、すなわち出世することは、大臣職に就くことと不即不離の関係にありました。

朝廷での大臣職は内大臣、右大臣、左大臣、太政《だいじょう》大臣、それぞれ一人ずつ。つまり四人分しかありません。普通は、内大臣から右大臣、左大臣を経て、太政大臣へと順々に出世を重ねていきますが、その時に政治的なキーになるのは、トップは太政大臣ではなく、実は左大臣です。

「政治的な」というのはどういう意味かというと、当時の朝廷の政治は、基本的には儀式

が中心になります。儀式の取りまとめをしている人がイコール貴族のリーダーですが、それが左大臣なのです。だから、左大臣になるには、儀式を熟知している必要がありました。

しかし、この儀式というものは、極めて面倒臭く、言ってみれば幼稚園でやるお遊戯を高級にしたようなもので、中身には意味がない反面、とにかく手順を覚えるのが大変です。

忠臣蔵では、吉良《きら》上野介《こうずけのすけ》はその儀式を教え込もうとしたために、浅野《あさの》内匠頭《たくみのかみ》に殺されそうになりましたね。それほどまでに、儀式とは覚えるのが困難なものだったのでしょう。

三代将軍の義満は、内大臣、右大臣を経て、着実に左大臣へと出世。しかも、かなり長い期間、左大臣に留まったのちに、太政大臣になります。

かつて平清盛もトップの太政大臣になったことがありますが、清盛の場合は内大臣から、一足飛びに太政大臣になりました。つまり、右大臣と左大臣という二つの役職を飛び越えています。

貴族社会では、ときに、こうした「飛び級」のようなことが行われることがありました。

飛び級と、一つ一つ順番に官位が上っていくのと、どちらが偉いかというと、普通は前者なのです。ところが大臣に関してだけは別で後者の方が偉い。なぜなら、順番に出世すると、儀式を熟知する左大臣を経由するからです。

清盛の場合は、儀式と全く関係ない武士世界で生きて来たので、左大臣になっても、ろくに儀式を指揮できません。だからこそ、内大臣から太政大臣に一足飛びに出世したのだと思います。ところが義満は左大臣を堂々と務めた。

余談ですが、暗殺されてしまった鎌倉時代の三代将軍の源実朝も、内大臣を経て、右大臣になっています。おそらく、その後、よほどのミスをしない限りは、左大臣、そして太政大臣へと出世したはず。平清盛のように平家は、出世のチャンスがあれば内大臣から太政大臣へと飛び級してしまう家柄なので、その点でいえば、実朝は右大臣に就任した段階で、平清盛が築いた朝廷での地位を抜いたとも考えることができます。

武士の家に生まれた義満に、朝廷での儀式を叩き込んだ細川頼之《よりゆき》

武士の家に生まれた義満が、複雑極まる朝廷での儀式をそこまで理解していたことには、正直驚きしかありませんが、これにはカラクリがありました。

なぜ、武家出身の義満が儀式を熟知していたのか。それには、彼を幼少期からサポートしていた、細川頼之《ほそかわよりゆき》（一三二九―一三九二年）という人物の存在があります。

細川家はもともと足利家の血筋ですが、一門での格は低く、長年足利本家の家来のような存在でした。

そんな家に生まれた細川頼之は、二代将軍の義詮に仕えた人物です。義詮は三十八歳で亡くなったときに、この細川を呼び寄せ、「義満を頼むぞ」と言い残しました。それほど厚い信任を受けていました。

父である義詮が死亡した際、義満はまだまだ小さな子どもでした。そこで、細川は自分たちに託された三代将軍の義満を、細川家内で大切に育てます。

幼少期の義満は、二条良基《にじょうよしもと》という貴族から朝廷での儀式を叩き込まれます。二条は、貴族の中でも一番格の高い家の出身で、儀式を教わるならうってつけの人物でした。

武士である義満が、儀式に親しんだ理由は、なんだったのか。どう考えても、まだ子どもだった義満が、「僕は儀式を覚えて、将来は貴族として出世してやる！」などという野心を持ち、自発的に勉強していたとは思えません。

これは僕の推測ですが、おそらく義満を育てた細川が、義満の将来を考えた末、二条に「義満様に儀式を教えてください」と頼み込んだのだと思います。

実は、初代足利将軍の尊氏も、二代将軍の義詮も、権力こそ持っていたものの、儀式に詳しくなかったがために、二人とも大臣になる一歩手前の大納言までしか出世せず、「鎌倉大納言」と呼ばれていました。

これに対して細川は、「将軍とは武士のリーダーではあるが、これからは貴族のリーダーにもならねばならぬ。大納言止まりだった足利家を大臣にして、貴族としても出世させよう。そして、貴族界における権力も足利将軍家が吸い上げてしまおう」と、考えたのだと思います。

だからこそ、彼は、足利義満に朝廷で出世できるように、儀式を教えたのでしょう。

そして、義満は名実ともに朝廷のトップに君臨し、細川の願いに見事に応えた。

この行動は、京都を拠点とすることで、幕府が京都にある朝廷の権力も手に入れて、日本全体を治めて行こうとする初代将軍・足利尊氏の方向性に見事に合致するものでした。

義満の「上皇」の称号を断った、四代将軍・義持《よしもち》と斯波《しば》義将《よしゆき》

このように三代将軍の義満の頃は、将軍が朝廷で出世を果たすことで、幕府と朝廷の権力の一体化はスムーズに行われているように見えました。

しかし、四代将軍となる足利義持《あしかがよしもち》の代になると、また雲行きが変わっていきます。その象徴的な出来事が、足利義満が亡くなった時に朝廷の側が言い出した「義満を上皇として扱おう」という提案に対する、義持の反応です。

「上皇（太上天皇）」は、天皇の父、先代天皇に使われる呼び方ですが、例外もありました。

中世では、ごくまれに天皇ではない人の皇子が、天皇になるというケースがありました。その場合、「この方は天皇にはなってないけど、天皇のお父君なので、上皇と認めましょう」と、皇位に就いてなくても「上皇」に列することがありました（鎌倉時代、後堀河《ごほりかわ》天皇の父である後高倉院《ごたかくらいん》。室町時代、後花園《ごはなぞの》天皇の父である後崇光院《ごすこういん》）。

義満はもちろん天皇ではないので、「上皇」として扱うのは本来おかしいはずですが、朝廷は例外として認めようとした。

その申し出を「結構です」と突っぱねたのが、義持と、彼が信任していた守護大名の斯《し》波《ば》義将《よしゆき》（一三五〇―一四一〇年）でした。

実は義持は、父・義満に愛されなかった人物でした。その反動か、彼が将軍になった後は、義満がやったことをことごとく否定していったのです。

利益が出ていたはずの日明貿易もやめてしまうし、義満が愛していた家来を冷遇する。さらに加えて、象徴的なのが朝廷との関係性を切り替えたことです。

三代将軍の義満と細川頼之は「朝廷と幕府が一体になって、将軍が天皇の権力まで全部抱え込むような形で王権を形成したらどうだろうか」という考え方を取っていました。しかし、四代将軍の義持と斯波義将はその反対で、「朝廷は朝廷、幕府は幕府です。お互いに距離を取って、仲良くやりましょう」という立場を取り続けました。

なお、義持が重用していた斯波義将が率いる斯波家は、足利の一門の中でも、とくに重んじられてきた名門です。斯波家の初代であった、斯波《しば》高経《たかつね》という人物は、自ら「斯波」とは名乗りたがらず、「私の名前は足利高経です」と、足利姓を名乗っていたほどに、足利の血を継ぐものとしての誇りと存在感を持っている人物でした。

その高経の息子が斯波義将です。彼には、義満と密接な関係にあった細川頼之は政治的なライバルのような存在でもあったので、細川家のやったことをひっくり返してやろうという斯波家の政治的な思惑も当然ありました。

いずれにせよ、義持と斯波義将は、義満の成し遂げてきたこととは、ことごとく正反対の立場を取っていた。だからこそ、朝廷に対して「父・義満には、上皇の名前は必要ありません」とこの上なく名誉な申し出を断ったのだと考えられます。

もし、義満が長生きしていたら、皇位を簒奪《さんだつ》していたか？

ここまで、三代将軍義満と、彼の周囲にいた人々の足どりを振り返ってみましたが、冒頭で挙げたように、「もしも、足利義満がもう少し長生きしていた場合、彼は皇位を簒奪していたか」という問いに立ち戻ってみたいと思います。

僕自身の結論としては、「義満は天皇になろうとはしなかっただろう」というものです。なぜなら、天皇とは歴史的に代々続いてきた血筋であるからこそ権威を持つのだから、仮にその血筋以外の人間がその地位についても、その権威を奪うことはできない。当時の武士たちが「天皇とのつながり」を重視していたことを見ても、それはわかります。

だからこそ、義満は、朝廷の持つ威光を、自らの権力として利用していた。その結果、彼は、幕府では将軍という地位を持ち、朝廷でも最も高い官位である太政大臣にまで上り詰めます。幕府と朝廷、両方の力を手に入れたわけです。

「自分は天皇を庇護するスポンサーである」という状況に、義満は充分満足していたはずです。ならば、さらにそこから自分が天皇となろうとしていたとは、考えられない。足利家が天皇家に取って替われば、万世一系がこわれ、天皇という地位自体が価値をなくしてしまうのです。

義満は生きていたときに、「上皇（太上天皇）」の尊号がもらえないかと言ったという話はあります（ネタ元は、あまり信用できる資料ではない）が、自分自身が天皇になろうという行動は示していません。それを念頭に置くとしても、「義満は天皇になろうとしたのだ」という議論をするのは、ちょっと行き過ぎなのかなと僕は思うわけです。

五年先、十年先まで、義満が非常に健康な日々を送っていた場合、将軍と天皇の密接な関係はより進んでいったことは間違いないでしょう。ただ、義満の権力がいかに強まったとしても、義満は自身が天皇になろうとはせず、天皇を庇護する立場に立ち続けたのではないかと考えます。それは鎌倉時代の北条氏がどんなに力を得ても、将軍にならなかったのと同じだと思うのです。

第7章　もしも、畠山持国《はたけやまもちくに》が、男としての自信にあふれていたら…

尊氏も家康も、自分の子どもを認知しなかった

生まれてきた子が、本当に自分の子だと信じられない。

これは今でも聞く話ですが、歴史上の人物にとっては、大きな悩みの種であったようです。

ＤＮＡ鑑定ができる現代ならば話が早いのですが、歴史を振り返ると、新たに生まれてきた自分の子供に対して、「これ、本当に俺の子なのか？」と疑いを持つ人物は少なくなかった。

先述したように、足利尊氏は最初に生まれた子どもである足利直冬のことを、どうしても自分の子どもと思えず、認知しませんでした。そのため、叔父である直義は「それはか

わいそうだ」と言って、その子を引き取り、育てた。

直義の養子として成長した直冬は、義理の父である直義に対する恩返しのために、実の父親である尊氏とひたすら戦い続けるという人生を送りました。

ほかにも、自分の子を認知しなかった親として有名なのが、徳川家康《とくがわいえやす》です。彼も、自分の次男の秀康《ひでやす》がどうも自分の子どもだと思えなかった。

秀康の母は、もともとはお風呂などで家康の手助けをする女中をしていた身分の低い女性でした。お風呂などで身体を流してもらっている最中かはわかりませんが、ふとした瞬間にムラムラした家康が、彼女と関係を持ち、秀康が生まれます。

ところが、家康がきちんとした恋愛感情を持って、「自分の側室になってくれ」と伝えた相手ではなかったせいか、その女性から「生まれてくる子はあなたの子どもです」と言われても、家康はなかなか納得しなかったようです。

事情を知った家康の長男である信康《のぶやす》が「父さん、それはひどいんじゃないの？」と言って、二十歳近く年下の弟を庇《かば》います。信康が間に立ったことで、めでたく親子の対面が果たされました。

その直後、信康は織田信長《のぶなが》に切腹を命じられたため、家康は長男を失います。

となれば、信康の次に年長である秀康が家康の後を継いでもおかしくはなかったのですが、家康はやはり秀康を自分の息子と思えなかったのか、それとも愛情を注げなかったのかはわかりませんが、秀康には跡を譲らず、三男の秀忠《ひでただ》に家督を継がせることを決めたのです。

尊氏と家康の事例を見てもわかるように、「本当に俺の子か」と一度疑ってしまうと、男というものは、どうしても生まれてきた子を可愛《かわい》がれないのかもしれません。

大人になって、ようやく息子を認知した畠山持国

一四六七年から一四七八年という十一年間に渡って、日本で繰り広げられた「応仁《おうにん》の乱」。この乱は、八代将軍の足利義政《あしかがよしまさ》の跡継ぎ問題が原因になって起こったとの見方が強いのですが、当時の人々はこの戦の事を「畠山一家の乱」と呼んでいたようです。つまり、多くの人は、畠山家の家督争いが、応仁の乱の発端であったと考えていた。

そして、その発端を作ったのが、畠山持国《はたけやまもちくに》（一三九八―一四五五年）です。

畠山家は、前章でも出てきた細川家と斯波家と並んで、「三管領《さんかんれい》」と呼ばれます。「管

領」という行政のトップの地位につけるのは、この三つの家だけ。室町幕府の政治は、細川家と斯波家と畠山家が代わる代わる管領職につき、領導《りょうどう》されていったのです。

畠山家の元々の勢力圏は関東でしたが、この畠山持国という人物が優秀だったため、畠山家は確固たる地位を築き、全盛時代を迎えます。

持国には、正式な男の子の跡継ぎはいませんでしたが、とある高級遊女との間に一人の男の子が生まれます。

ところが、この高級遊女は、いろんな男性と愛人関係になっている女性でした。オペラでいえば、「椿姫」のトラビアータのイメージです。

それで彼女は、信濃《しなの》の小笠原氏や飛騨《ひだ》の江馬《えま》氏とも恋愛関係になって、小笠原の子や江馬の子も産んでいます。

そういうことがあったものだから、持国は、男の子を産んだ彼女に「これはあなたの子よ」と言われても、素直に信じることができません。本当に俺の子かと疑ったあげく、その男の子に「お前は坊主になれ」と言って、禅寺に入れてしまいます。それが後の畠山義就《はたけやまよしひろ》という人物です。

その後、畠山持国は、跡継ぎとして、自分の弟の子であった甥《おい》の政長《まさなが》を据えることを決めました。

事情が一変したのは、持国が成長した自分の息子に再会したときです。

彼が、禅寺でお坊さんになっていた息子に久しぶりに会ってみたら、ずいぶんと自分に似ている。そこで、ようやく「こいつは、どうも俺の子だな」と確信したのだと思います。

その瞬間、持国の気持ちはガラリと変わり、「だったら、甥に継がせるより、自分の息子に継がせたい」と、僧侶になっていた男の子を連れ帰り、義就《よしひろ》という名前を与えて還俗《げんぞく》させ、跡継ぎにしました。

持国の男らしさの欠如が、大きなお家騒動に発展

しかし、普通の家ならいざ知らず、いつの時代も権力者の跡継ぎ問題は、周囲の人間に大きな影響を与えるものです。

名門の跡継ぎには、幼いうちからいろいろな人が寄ってきます。そうした人たちは「十数年後、この人が偉くなったら、うちの子どもたちを出世させてもらおう……」と将来に期待をかけるからこそ、子どもの頃から青田買い状態でお仕えするわけです。

もしも、今まで一生懸命仕えていた相手が、後継者から外されてしまえば、自分のこれまでの努力は水の泡。それを避けたいからこそ、お家騒動が生まれるわけです。

持国がこうした事情をもう少し配慮をし、みんなが納得する形に納められれば良かったのですが、彼は事態を上手に収束させないうちに、死んでしまいます。

持国の死後、当然、畠山家は分裂します。

「俺は義就殿を跡継ぎにすべきだと思う」

「いやいや、あの人はずっとお坊さんだったんだから、やめた方がいい。やはり最初から決まっていたように、甥っ子の政長さんがいいんじゃないか」

と言い争い、やがては戦いにまで発展していきます。

実は、息子・義就と甥・政長の戦いと似たようなことを、持国自身がトップに立つ前にもやっています。このときは、彼と弟の間に家督相続争いがあり、勝利した持国が家督を継いだ。

二代続いてお家騒動が起こるということは、兄弟の仲が悪かったと個人の問題にするより、家臣団の統制が上手くいっていなかったことの現れだと考えるべきです。

一見すると跡継ぎ同士の争いに見えるこの畠山家の争いの本質は、義就支持の家臣たちと、政長支持の家臣たちの対立が原因だったと僕は思います。

家臣のAさんが片方に味方したら、Aさんと利害が対立しているBさんは反対側につく。常に派閥が分裂してしまい、どうしても一つにまとまれない。それが畠山家の弱点でした。

この「肝心なときに一致団結できない」という弱点は、畠山家をはじめとする大名家において、家の弱体化の大きな要因となっています。

「応仁の乱」前夜——関東の衰退が、斯波家の弱体化を生んだ?

当時の政治を動かしていた三管領のうち、畠山家はお家騒動で割れるなか、ほかの家はどうだったのでしょうか。

まず、細川家の場合は、分裂が起こることはありませんでした。というのも、おそらく先にも出てきた細川頼之が将軍の補佐役として権力を振るった時期が長かったため、細川家の権力は非常に大きかった。それゆえに、家臣団は、自分の利を考える前に、主家の言うことをきちんと聞くしか選択肢がなかったのかもしれません。

一方、斯波《しば》家の場合は、畠山家よりも深刻な状況にありました。

斯波家といえば、四代将軍の義持に仕えていた斯波義将が非常に優秀な人物で、義持と共に、三代将軍の義満がやったことをひっくり返して回り、将軍家から厚い信任を受けていました。しかし、時代が進むにつれて、どんどん斯波家はジリ貧になっていきます。

なぜ斯波氏が没落していったのかという理由を、僕なりに考えてみたのですが、それを解明する非常に重要なヒントとなるのが「斯波氏が守護に任命されていた土地はどこなのか」ということです。

斯波家が守護として任命されていた土地は二か所あります。

一つは、現在でいう福井県である越前《えちぜん》。もう一つは、現在の愛知県に含まれる尾張《おわり》です。

ぜひ、片手に日本列島の地図を用意していただきたいのですが、福井県と愛知県といえば、日本列島が少しくびれた、ちょうど中央部にあります。

そして、その福井と愛知に挟まれた形で鎮座するのが岐阜県。

この三つの国の上にラインを引いてみると、すごくちょうどよい形で、日本列島を左と右に分断することができるのです。

越前と尾張は斯波氏が治める一方、現在の岐阜県にあたる美濃国《みののくに》を治めていたのが、土《と》岐《き》氏という大名です。そして、斯波家と土岐家は昔から良好な関係を築いていていました。

そう考えると、斯波の越前と尾張、土岐の美濃の領国内に、京都と関東の間を真っ二つに割る分断線があったと考えてもおかしくありません。

おそらく、この地の利を活かして、斯波家は土岐家と共に、東西の流通をがっちりと握っていたはずです。そして、斯波家は京都と関東を結ぶという大役を担っていたのだと思います。

かつての関東は初代将軍足利尊氏の弟・直義が「鎌倉で幕府をやろう」と、兄に進言したほどに存在感のある土地でした。ゆえに、室町幕府を開いた当時は、関東はそれなりに栄えていたし、存在する意味もあったのでしょう。

しかし、経済流通の中心であった京都に幕府が移ると、次第に鎌倉の存在感が薄れ、昔の繁栄はどんどん失われていったのです。

すると、「なんだ、関東なんて、結局ただの田舎じゃないか」と軽視され、関東と上方をつないでいた斯波の役割も、日を追って薄れていきます。それにつれて、斯波の存在感も無くなってしまったのではないか、と僕は思っています。

その後、力を失った斯波氏は政治の権力争いからは、後退していきます。

三管領のうち、畠山家はお家騒動で真っ二つに割れ、細川家はますます力を増大させ、斯波家は存在感を失っていた。日本中を二つに分けたとされる戦、応仁の乱の前夜は、こんな状態だったのです。

細川家を主体とする「東軍」と、足利義満に恨みを持つ「西軍」

「畠山一家の乱」とも言われた応仁の乱。

これは、当時の幕府に参加していた大名たちが、東軍と西軍という二つの陣営に分かれて戦った、大きな戦でした。

東軍には、総大将に細川。その下に、赤松《あかまつ》、京極《きょうごく》などの顔ぶれが並びます。畠山持国の甥である政長は、東軍に属していました。

一方の西軍は、総大将である山名《やまな》を筆頭に、大内《おおうち》、土岐、一色《いっしき》。そして畠山持国の実子である義就が主力部隊として参加しました。

なお、三管領であったはずの斯波家は、すでにこの頃は勢いをなくしており、存在感はあまりありませんでした。

さて、応仁の乱で、東西の二軍に分かれて戦った大名たちの顔ぶれを見ていくと、極めて面白いことに気がつきます。

まず、東軍は「細川家グループ」。総大将は、三管領の一つとして強い権力を持っていた細川家です。そのほかの赤松や京極といったメンバーの実態は、以前からの細川の与党でした。

西軍のメンバーを見ていくと、主力部隊である山名、大内、土岐という三つの家には、ある共通点があります。その共通点とは、足利義満の時代に冷遇された過去を持つことです。

少し時代を遡《さかのぼ》り、一三九〇年頃。将軍権力を高めようとした義満は、力を持ちすぎた有力大名の討伐を始めます。

とはいえ、足利将軍家には、強大な軍事力がない。武力が無いからこそ、大名を討伐するやり口は非常にえげつないものでした。まずは、大名家の家督争いに手を突っ込み、家中を混乱させる。家督争いで大名一族の内部が揉《も》め、勢力が分裂しているときに、討伐という形で武力行使を行い、領地を没収するなどして勢力を削ぐのです。

最初に目を付けられたのは、美濃の土岐です。結局、土岐の当主は失脚させられ、跡継ぎが立つのですが、その時に大事な領地であった尾張、伊勢などを奪われてしまいます。

それから足利氏の一番の敵と言われた山名一族も、同じく家督相続に手を出された挙句、戦わざるを得ない状況に持ち込まれ、一三九一年の末に討伐されてしまいます。

最後の仕上げとして、大内氏は、一四〇〇年に「応永《おうえい》の乱」という乱を起こした結果、当主は自害させられます。

このとき、義満と共に将軍の権力を確立するため、有力な守護大名を討って回ったのが、のちに東軍リーダーとなる細川家でした。そして、赤松や京極も、細川と共に、有力な守護大名の勢力を削ぐことに助力していました。

こうして見ていくと、応仁の乱は、足利義満と親しかった細川とその仲間たちによる東軍と、足利義満に痛めつけられた西軍によって構成されていたという図式が浮かび上がってきます。

その二つの派閥が京都でぶつかり合った戦。それが、応仁の乱の本質です。

なお、力を持ちすぎた大名の力を抑えようとする試みは江戸幕府でも行われていましたが、室町幕府と江戸幕府で大きく違うのは、「家を取り潰せない」という点です。

室町時代の足利将軍家の力は、江戸時代の徳川家ほど大きくないので、仮にどこかの家を取り潰したりすれば、ほかの大名も「俺が失敗したら、うちも潰されるのか。そんなりスクがあるなら、足利家に仕える意味はない」と離れていく可能性があった。

その事態を避けるために、家の取り潰しまではせず、持っている領地の多くを取り上げることで、大名たちの力を抑えようとしていたのでしょう。

日本を「都」と「鄙《ひな》」に分けた高僧・満済《まんさい》

応仁の乱は「日本を真っ二つに割った騒乱」と言われるため、多くの人が誤解しがちなのですが、幕府内にいた大名たちは、主に二つの陣営に分けられてはいましたが、日本中の大名が参加していたわけではありません。

日本の戦を考えるとき、当時の幕府はどういう風に日本列島全体を見ていたかを理解しておくと、この「二つの陣営に分かれる」という言葉の実態がわかります。

まず、当時の日本列島は、均一な一つの国ではありませんでした。

これはどういう意味かというと、現代ならば、日本のどの県に暮らしていようが、多少の地域格差はあるにせよ、日本人は誰でも同じサービスを受けることができます。また、多かれ少なかれ「俺たちはみんな日本人で、仲間だよね」という共通の意識を持っています。

制度にしても、「今日から日本の消費税は十%です」と決まれば、北海道から九州沖縄まで、どこに住んでいる人でも十%の消費税を当然のこととして納めないといけない。

こうした認識でいえば、現代の日本は「均一な一つの国」です。

でも、室町時代の日本では、一つの制度が全国一律で採用されることはありませんでした。そのほか、この時代は長さや重さといった単位も統一されておらず、土地によって違っていました。

この状況を鑑みると、当時の人々が「日本という国を均一に見ていた」とは、あまり考えられません。

では、当時の日本はどんな風に見られていたのか。それを知るために、『満済准后日記《まんさいじゅごうにっき》』という史料を紐解いてみましょう。

満済は、醍醐寺《だいごじ》の三宝院《さんぼういん》のお坊さんで、別名「三宝院満済准后」と呼ばれることもある人物です。この「准后」とは、太皇太后、皇太后、皇后の三つに准じる位で、皇族と同じ扱いでした。

名称を見てもわかるように、満済はこの上なく格の高いお坊さんでしたが、それと同時に六代将軍である義教《よしのり》の政治顧問もやっており、「黒衣の宰相」との異名を取った人物でもありました。

宗教のみならず、政治についても影響力のある満済は、僧侶でありながら将軍に直接ものが言えるという稀有《けう》な存在だったのです。

この満済が残した日記こそが『満済准后日記』と呼ばれるものです。

その日記には、関東と京都の関係が、非常にわかりやすく書かれています。

当時、京都の足利将軍家のほかに、関東の鎌倉には、もう一人の将軍、あるいは第二の将軍とも言うべき、関東公方《くぼう》がいました。これは、鎌倉公方とも呼ばれます。

関東公方を代々継ぐことができるのは、足利氏の血筋を引いている人だけ。関東公方は、京都の将軍家から関東地方と東北地方を任されるような形で、広大な地域を治めていました。

しかし、関東公方と京都の将軍は、実はあまり仲が良くありません。たとえば、四代鎌倉公方となった足利持氏《あしかがもちうじ》という人は、「隙あらば自分が将軍になってやろう」と、将軍の地位を虎視眈々《こしたんたん》と狙っていたと言われています。

そうした関係性があったがゆえに、満済の日記には京都と鎌倉の政治的な争いが詳細に描かれています。

日記の中で、満済は京都を「都」と呼び、鎌倉を「鄙《ひな》」、つまり都から遠く離れた卑しい田舎だと分類しています。つまり、彼は京都と鎌倉の争いは「都と田舎の争い」だと認識をしていたのです。

そして、この「都」と「鄙」という考え方は、京都周辺と鎌倉周辺にも及んでいます。もっと具体的な境目を言うと、中部地方より関東寄りの地域。つまり、鎌倉府が治める関東や東北の土地は田舎である。そして、それ以外の日本列島の土地である中部地方や近畿地方、中国地方、四国地方は「都」だと考えていたようです（九州はこれまた鄙）。

満済に限らず、この認識こそ、当時の人が日本をどう見ていたかを表しているのではないでしょうか。

「都」の大名たちは、なぜ応仁の乱に巻き込まれたのか

応仁の乱は「日本中が真っ二つに割れた戦」だとよく言われますが、参加していた大名たちを見ると、ほとんどが満済の言うところの「都」の大名たちです。

では、なぜ「都」の大名ばかりが応仁の乱に巻き込まれたのでしょうか？

その理由には、当時の「都」の大名たちに課せられていた、ある義務が関係しています。

室町時代、「都」の地域には、一国一人の守護大名が置かれていました。

江戸時代にも参勤交代制度があり、大名たちは一年ごとに自分の領地と江戸を行き来していたことは有名です。しかし、意外と知られていないのですが、室町時代の場合は、守護大名は「京都に常駐する」ことを求められ、自分の領地は代官に治めさせるのが一般的でした。

「都」である京都でずっと生活するとなると、家来を連れてくる必要もあるし、屋敷も必要だし、莫大なお金がかかります。それゆえ、守護大名も本音では、京都にはいたくありませんでした。

特例で京都の常駐を免除されていたのが、駿府《すんぷ》を治めていた今川《いまがわ》と、周防《すおう》と長門《ながと》を治めていた大内です。

現在の静岡市あたりに領地を持っていた今川は、関東公方の動きに目を光らせておくという大役を仰せつかっていたので、京都常駐は免除されていました。

一方の大内も、もともとは山口の有力な守護大名でしたが、博多周りにも勢力を持っていたので、幕府からは博多を治める役目を与えられていました。

関東公方はいいとして、なぜ博多を特別扱いする必要があるのかというと、博多は、当時の日本列島では、堺《さかい》に次ぐ二番目に大きな港を持つ商業都市だったからです。さらに、博多は堺よりも中国大陸や朝鮮半島により近い。当時は、民間でも貿易が盛んに行われていたのですが、博多を拠点にすることで、大内は貿易を行い、巨万の富を抱えていました。

古くから商人が中心になって作った町で、非常に特異な歴史を持つ町だからこそ、ほかの地域とは別格です。だからこそ、幕府は大内に対して、「博多の面倒を見てくれるのならば、代わりに京都には来なくていい」と言っていたのです。

守護大名の中でも別格扱いされていた今川と大内以外の、満済が「都」と言っていた地域の大名たちは、みんな京都に集まっている。だからこそ、後に畠山家の争いが応仁の乱にまで発展した際、好むと好まざるに関わらず、彼らは戦いに参加させられます。

そう考えてみると、東北地方、関東地方、博多以南の九州の大名たちは、応仁の乱にはほぼ加わっていない。参加したのは、あくまでも満済が「都」といった地域の大名たちだけ。その中の大名たちが二分され、応仁の乱で戦っていたわけです。

応仁の乱で力を失った「都」の大名、力をつけた「鄙《ひな》」の大名

応仁の乱は、日本の時代を変える大きな転換点になりました。

なかでも、この戦争の結果、歴史に大きく影響を与えた出来事は、京都の都が荒廃し、京都で政治を話し合っている場合ではなくなった守護大名たちが、それぞれ自分たちの国元へ帰っていったことでしょう。

これまで、守護大名というものは、国を治めるときに、足利将軍家や朝廷の力を借りていました。

「私は足利将軍家の誰々の名代であり、代官である。だから、私のいうことを聞け」と宣言し、将軍家や幕府の意向を前提とするからこそ、守護大名として成功するわけです。

ところが、この当時、将軍権力というものは全く機能しなくなっていた。

足利将軍家の権力が失墜し始めたのは、六代将軍の義教《よしのり》（一三九四―一四四一年）の時代です。義教は、義満の時代の将軍権力を取り戻そうと政治に力を入れ過ぎた末、赤松《あかまつ》氏に暗殺されます。

それ以降、将軍権力は地に落ちていきます。八代将軍の足利義政（一四三六―一四九〇

年）に至っては、政治に興味が無く、銀閣寺《ぎんかくじ》の建築に夢中になっていたと言われます。しかしこれは、将軍が政治に興味を持てない、あるいは持っても意味がないくらい、将軍家の権力が低下していたと見ることもできるでしょう。

将軍の権力があてにならない以上、守護大名たちは自分の実力で国を治めていく他ありません。そこには将軍の助けも、朝廷の援助も、想定されていません。

守護大名たちは、足利将軍家や天皇家などの他人の力を借りず、自分が主体的に国を治める存在、戦国大名にならなければならなかった。

つまり、将軍権力の低下が、守護大名が戦国大名に変化を遂げる必然性を与えたのです。

ここで興味深いのが、応仁の乱に参加した「都」の守護大名の大半は、戦国大名として成長することに失敗したことです。なぜなら、「都」の大名たちはずっと京都にいて、国元を空けていたので、地元のことには疎《うと》い。

国元の武士たちからすれば、いきなり大名に戻ってこられても「これまでずっといなかったのに、今さら……」という心境になるのは当然です。それゆえ、反感を買い、支持を得られなかったのです。

これに対して、地元に張り付いていた「鄙」の大名たちは、国元で力を十分に蓄えていたため、見事に守護大名から戦国大名へと変化を遂げます。

鎌倉公方の監視役として京都常駐を免除されていた駿府の今川や、その隣で甲斐国《かいのくに》を治めていた武田《たけだ》。越後《えちご》の上杉《うえすぎ》。九州の南側でいえば、大友《おおとも》、龍造寺《りゅうぞうじ》、菊池《きくち》、それから島津《しまづ》。こうした家々が、強力な戦国大名として成長していくわけです。

また、応仁の乱の影響をもう一つ付け加えると、京都で活動していた文化人や職人たちは、荒廃した都を去り、新たなスポンサーを探して、全国各地へと散っていきます。その結果、様々な文化が、全国各地で花開きました。

室町時代は、尊氏《たかうじ》と直義《ただよし》の争いに根っこを持ち、応仁の乱を生んだ

さて、ここで歴史のＩＦ（もしも）に立ち返ります。

畠山持国が、もしももっと男気を持っていて、最初から息子を認知していたならば、日本の歴史はどうなっていたのでしょうか。

僕の考えとしては、持国が生まれてきた子どもに対して、大らかに「自分の息子だ」と認知していれば、畠山家の家督争いは生まれず、応仁の乱の口火を切ることはなかったの

ではないかと思います。

もちろん歴史の流れとして、足利将軍家はますます落ちぶれ、「鄙」の大名が力を付けていくという展開は変わらなかったのではないかと思います。

ただ、幕府内における権力闘争自体はあったとしても、応仁の乱という十一年にも渡る長き戦いに発展し、京都の街一帯を焼け野原にすることはなかったでしょう。

さて、ここまで室町時代という時代を考察してきましたが、この時代を始まりから終わりまで見てみると、その在り方がほとんど変わっていないことがわかります。

まず、最初は、「幕府は朝廷と一体になり、将軍が天皇の権力まで抱え込むべきだ」とした足利尊氏と「武士と貴族は慣れ合うべきではないし、貴族が京都で政権を作るのだから、武士は鎌倉で政権を運営するべきである」という意見を持っていた弟・直義の戦いから始まります。このとき直義派の主力だったのが、斯波・山名でした。

尊氏と直義の対立は、今度は三代将軍の義満と四代将軍の義持に引き継がれていく。ここでも同じように、義満は、細川頼之と共に幕府と朝廷との権力の一体化を求め、義持は斯波義将と共に、幕府は独立した政権であるべきという主張を続けました。

そして、応仁の乱では、義満の将軍権力の確立に賛成していた細川グループと、片方は義持と距離の近かった斯波グループを引き継ぎ、義満に煮え湯を飲まされた山名グループが対立します。

つまり、この両軍のルーツを辿ると、東軍は足利尊氏に、そして西軍は弟・直義に、根っこを持っていることがわかります。

室町時代の最後の章の締めくくりとして、この時代を俯瞰《ふかん》してみると、室町幕府というものは、初代将軍の足利尊氏と足利直義の争いが発端にあり、以来、両陣営の対立が、応仁の乱を生んだのだとも考えられるのではないでしょうか。

C、戦国時代のＩＦ《もしも》

第8章　もしも、「あの人」が長生きしたら、早く死んだら、早く生まれたら…

信長、信玄、謙信──跡継ぎ問題で明暗が分かれた戦国武将たち

もしも、この人がもう少し長生きしていたなら。
もしも、この人がもっと早く死んでいたなら。
もしもこの人がもっと早く生まれていたなら。

歴史にＩＦ（もしも）はないにせよ、こうした仮設は、歴史を語る上では必ず出てくる話です。

特に、戦国時代のような移り変わりの早い時代こそ、誰か一人欠ければ、歴史は大きく変わっていた可能性が高い。だからこそ、戦国時代に生きていた人々の、「もしも」を考

えてみることは、非常におもしろいのではないかと僕は思います。

たとえば、戦国武将の織田信長《おだのぶなが》（一五三四―一五八二年）は四十九歳で死にますが、彼は幸若舞《こうわかまい》「敦盛《あつもり》」にある、「人生五十年」の一節を愛したことでも有名です。

一五六〇年に「桶狭間《おけはざま》の戦い」に挑む前にも、信長はこの舞いを踊り、戦いに臨んだ。そして、一五八二年に本能寺《ほんのうじ》で明智光秀《あけちみつひで》に襲われ、「死ぬな」と思った直前にも、この「人生五十年」と舞ってから、腹を切ったと言われています。

現代では五十歳前後で亡くなれば、「若死に」と言われますが、当時の戦国武将の間では信長のように「人生五十年」という考え方を持つ人は少なくなく、実際に五十歳前後で亡くなるのは、ごく普通のことでした。

だから、四十代半ばになると、自分の後継者のありようを考えることは、戦国大名にとって非常に大切な問題でした。

「人生五十年」だと常日頃から感じていた信長の場合、しっかりと後継者問題については対処しています。

これはあまり知られていないことですが、一五七五年には信長は自分の息子の信忠《のぶただ》に家督を譲っています。さらに、信忠が政権を運営する時に、彼を支えてくれるであろう次の世代の武将達も育成し、万全の体制を整えていました。

信長は非常に慎重な人だったからこそ、生前に「こいつは俺の後継者だ」ときちんと周りに知らしめた上、息子を支える次世代の家臣たちの育成も怠らなかった。

ただ、信長とは逆のパターンで、「まだ自分は大丈夫だろう」と楽観視して、後継者問題にしっかりと取り組んでおかなかった武将は、案外多いものです。

戦国大名の武田信玄《たけだしんげん》（一五二一—一五七三年）は、五十三歳で亡くなっています。病名はおそらくガンであろうと言われていますが、彼は後継者問題で大きくつまずいた人物の一人でしょう。

信玄には、義信《よしのぶ》という長男がいました。義信の母は、信玄の正室であり、三条《さんじょう》左大臣家という立派な家の出。正室が産んだ長男である義信は、生まれたときから武田家の大切な跡継ぎでした。

ところが、信玄が駿河《するが》の今川《いまがわ》家に攻め込もうとしたとき、事件は起こります。義信が強く反対したのです。

その理由の一つは、彼の妻が今川家から来ていたことです。この二人の夫婦仲は非常に良かったと伝わります。だからこそ、妻の実家を攻撃するのは義信には忍びなかったのでしょう。

もちろん、義信は妻への愛情だけで反対したのではない。武田家と今川家は、しっかりと同盟を結び、それがうまく機能していたので、冷静な政治判断から、「この同盟は守るべき」だと主張したのだと考えます。

しかし、信玄は、「桶狭間の戦いで織田信長に敗れた今川家は、今衰退している。このタイミングを逃さずに今川を討つために、同盟を破る。そうすれば念願の港が入手できる」という考え方を持っていました。

親子の意見は対立し、それは悪化するばかりでした。結局、信玄は跡継ぎであった義信を自害に追い込む事態になります。

自分の跡取りに腹を切らせた信玄は、疑心暗鬼になったのでしょうか。その後、家来たちに対して「お前たちは間違いなく武田家に忠誠を誓うか」を問い、家来から「私は必ずや武田家に忠節を尽くします」という起請文《きしょうもん》を集めたほどです。なお、このときのたくさんの起請文は、今でも長野県上田《うえだ》の生島足島《いくしまたるしま》神社に残っています。

優秀な後継者を失ってしまった武田家の家督は、他家に出ていた四男の諏訪《すわ》（武田）勝頼《かつより》に譲られますが、その後、衰退の一途をたどり、武田家は滅亡します。

では、四十九歳のときに脳溢血で死んだと言われる上杉謙信《うえすぎけんしん》（一五三〇―一五七八年）はどうでしょうか。

上杉謙信には、二人の跡継ぎ候補がいました。しかし、糖尿病を患っていた謙信は、脳溢血で突然死んでしまったため、どちらに家督を譲るのかを、生前に家来たちに伝えることができませんでした。

候補者のうち、一人は自分の姉の息子で、実の甥《おい》となる景勝《かげかつ》。もう一人は、北条氏康《ほうじょううじやす》の息子を養子としてもらい受け、かつての自分の名前を名乗らせた義理の息子・景虎《かげとら》です。

血がつながっている景勝か。それとも、自分の名前を与えた景虎か。どちらの候補者も上杉謙信はとても大切にしていたため、家来たちもどちらに家督を継がせたかったのかはわかりませんでした。

結果、謙信の死後、上杉家は真っ二つに割れますが、この仲間割れが原因で、戦国大名として有力だった上杉家の勢力は大幅に削がれてしまいます。これは、突然死で防ぎようがなかったとはいえ、謙信の痛恨のミスでしょう。

こうした事例を見ていくと、歴史的に、リーダーの突然の死は非常に大きな意味を持つことがわかります。

カリスマで保っていた「豊臣家」と組織が盤石だった「徳川家」

もしも、あの人が長生きしていたらどうなっていたのか。

この仮定を考えていく上で、まず大前提として、「歴史の流れにおいて、システムと人間はどちらが重要なのか」という問題を抑えておきましょう。

現代社会に置き換えてみるとわかりやすいのですが、仮にどこかの企業の社長が突然不慮の事故で亡くなってしまって、代わりの人が社長の座を継いだとします。中小企業の場合はやり手の社長が退場すると、企業の売上や利益に直接的に影響しやすい部分がありま す。一方で、社長が変わっても経営的には何ら影響のない会社は、システムがきちんと回っている証拠です。

経営者の中には、ソフトバンクの孫正義《そんまさよし》さんや楽天の三木谷浩史《みきたにひろし》さんのようにカリスマ的な人物もいます。こうしたカリスマ経営者がいなくなれば、一時的に会社の株価は下がることは間違いない。けれども、システムがきちんと機能している大きな会社ですから、代表がいなくなった時に、会社自体が潰れることはないはずです。

つまり、人間一人ができることはそう大きなものではなく、社長というトップがいなくなっても、さほどの変化はありません。

そうなると、一人の人間が歴史上に与える影響と、その人間を含む組織のシステムの機能については、分けて考えなければならない、ということになります。

では、この「システム」と「人間」という観点からすると、戦国大名の場合はどうだったのか。戦国時代の大名の家、つまりシステムは、概して非常に脆弱《ぜいじゃく》なものでした。豊臣《とよとみ》秀吉《ひでよし》（一五三七―一五九八年）というカリスマが亡くなった後、あれだけの栄華を誇った豊臣家であっても、徳川家康《とくがわいえやす》（一五四三―一六一六年）に滅ぼされてしまいました。それは、システムがきちんと機能しなかったからだと言えます。

豊臣家の衰退から、大名家のシステムの脆弱さを垣間見たからこそ、徳川家康は一六〇三年に征夷大将軍《せいいたいしょうぐん》に任命され、将軍として幕府を運営した後、すぐに自分の息子である秀《ひで》忠《ただ》に将軍の地位を譲り、自分は静岡に隠居します。

事前に、「俺の跡継ぎはこいつだ」と周囲に知らせることで、自分がいつ死んでも問題ないように幕府のシステムを強固にしようとしたのです。

そのほかにも、幕府の機能を強めるため、徳川家はいろいろな対策をしています。豊臣恩顧の大名、豊臣家に近かった大名家が次々に取り潰されていくのもその一例でしょう。肥後《ひご》熊本藩初代藩主であった加藤清正《かとうきよまさ》の家は、清正が生きている時は大丈夫でしたが、彼の死後に取り潰されます。生前に秀吉によって有力大名の座を与えられた福島正則《ふくしままさのり》の場合は、すでに正則が生きている時に、大幅に領地を削られています。

ただ、驚くことに、こうした豊臣派の大名家の取り潰しは、家康の時代ではなく、彼の死後、二代将軍の秀忠の時代に、一番活発に行われました。

秀忠は一般的には凡庸な人物だと思われがちなのですが、実は優秀な取り組みを行っており、最近の研究者の間では「秀忠はすぐれた政治的手腕を持っていた」と評価が上がっています。

ただ、本質的に重要なのは、仮に秀忠自身がいかなる才能の持ち主だったとしても、秀忠政権としてのシステムがきちんと機能していたということ。それは、「自分の死後でも、徳川政権が維持されるように」と秀忠の周りに彼を支える優秀な人材を揃え、システムをきちんと整えていた家康の功績だったのかもしれません。また、最初にシステムを抑えていたからこそ、徳川幕府が長きに渡って存続することができたのかもしれません。

もしも、秀吉がもう少し長生きしていたら？

では、システムと人の前提に立った上で、豊臣秀吉と徳川家康の事例について考えていきましょう。

冒頭で「戦国大名は五十歳前後でなくなるのが一般的」とお伝えしましたが、中には長生きする人たちもいます。

たとえば、豊臣秀吉は六十二歳まで生きました。当時としては十分かもしれません。もっとも、最期の方は、認知症に苦しんでいたのではという説もあるほど、相当くたびれた状態で亡くなったと言われています。

有名な話ですが、彼は自分が死ぬ時、五大老に列する有力大名たちに「息子の秀頼《ひでより》の事を頼む、頼む」と繰り返しお願いして死んでいきました。

当時、まだ秀頼は幼かったので、自分が死んだ後どうなるのかが気がかりでしかたがなかったのでしょう。しかし、そんな心配もむなしく、秀吉の死後、彼は家康に滅ぼされてしまうわけですが……。

後の歴史を知っている僕たちが疑問に思うのは秀吉ほどの人であれば、「自分がここで死んだら、たぶん秀頼は家康にやられるだろう」とわかっていたのではないだろうか、という点です。

なぜなら、秀吉の晩年のときの大名の顔ぶれを見ると、家康の存在感はズバ抜けています。戦国大名の生き残りであり、百戦錬磨。そんな彼と五分に渡り合える人はまずいない。かろうじて家康に意見できるのは、加賀《かが》百万石で知られる前田利家《まえだとしいえ》くらいでした。

この状況を見たなら、秀吉ほどの人物であれば「家康が俺の息子を潰すだろう」とは、薄々は分かっていたはずです。そうすると、なぜ生前の秀吉は、総力を挙げて家康を潰さなかったのかという疑問がわきます。

一五八四年の小牧《こまき》・長久手《ながくて》の戦いで、秀吉はすでに家康と一度戦っています。そのとき、秀吉は戦闘で家康を滅ぼすことはできなかったため、政治力を使って、家康に頭を下げさせました。それにより、戦いには終止符が打たれました。

政治の世界では、潰したい相手がいるならば、どんな汚い手を使ってでも、確実に相手を滅亡させるのが常套《じょうとう》手段です。秀吉にしても、家康を葬ろうと思えばできないことはなかったはずなのに、なぜかやらなかった。

一方、同じように天下人になった徳川家康は、七十五歳まで生きました。家康同様、長生きで有名なのが毛利元就《もうりもとなり》（一四九七―一五七一年）です。彼も、家康と同じように七十五歳まで生きています。

現代の私たちの寿命が仮に八十歳だとすれば、「人生五十年」の時代に七十五歳まで生きるということは、現代の感覚では百歳を軽く超える高齢です。

実は、家康はずば抜けた健康オタクでした。

彼は、なんでも薬にしてみようとする傾向があり、ときには北海道からオットセイの陰茎《いんけい》を取り寄せ、粉末にして飲んでいたと言われています。そのおかげで夜の営みに効果があったのかはわかりませんが、家康は六十代でも子どもを作っています。同じ六十代の僕としては、ただただ頭が下がるとしか言いようがありません。

一方の毛利元就は、もともと体が頑健な上、非常に意志の強い人でした。

自分の父や兄がお酒のせいで若死にしたため、「自分は酒を一滴も飲まない」と決意し、本当に酒を飲まなかったと言われています。そうした意志の強さを持つ人物でないと、やはり長生きはできないのでしょう。

しかし、実際には家康は七十五歳の長寿を保ったわけですが、ほかの戦国武将たちのように、四十代くらいでガンなどを患い、亡くなっていたとしても、決しておかしくはないのです。

もしも、秀吉よりも先に家康が死んでいたら？

では、仮に秀吉がまだ生きているときに、先に家康が死んでいた場合、どうなっていたのでしょうか。

徳川家康の息子・秀忠が実は優秀な人間で、秀忠の周りを支える徳川家臣団がちゃんと機能していたとしても、秀吉のカリスマ性に対抗できるだけの政治力、あるいは外交力を持てたのか……というと、とてもそうは思えません。

やはり、秀吉は海千山千の策士なので、おそらくなんとしてでも秀忠を潰していたでしょう。仮に潰されないまでも、領地を半分以下に減らすようなことを行っていたと考えるのは、ごく自然なことです。

ここで参考になるのが、「独眼竜《どくがんりゅう》」との異名を取り、東北地方で活躍した戦国武将の伊《だ》達政宗《てまさむね》（一五六七―一六三六年）の事例です。

天下人になった後、秀吉は北条氏を滅亡させるために、小田原攻めを実施します。伊達政宗も秀吉から「参加しろ」と言われたものの、北条と同盟を組んでいた彼は、躊躇《ちゅうちょ》し、戦争に参加するのが遅れます。

秀吉に刃向かったと認定されるのが恐かった政宗は、陣所にいる秀吉のもとに駆け込み、「私を許して下さい！　豊臣秀吉の家来になりますから」と頭を下げます。一説によれば、自分が殺される覚悟であることを秀吉に見せるため、白装束を着ていたとも言われています。

ちなみに、政宗は秀吉に頭を下げた時、東北地方の米沢《よねざわ》と会津《あいづ》を中心に百万石を越える領地を持っていたと言われています。

その際、秀吉は「わかった。許してやる。でも、会津の領有は認めん」ということで、会津領を政宗から奪ってしまいます。

当時、伊達政宗はまだまだ若かったですけど、何年もかけて苦心して攻め取った会津領を全部取り上げられ、結局、米沢領七十二万石の大名になってしまいました。

これが政宗は悔しくてしょうがない。そこで、あの手この手を使って何とか領地を取り戻せないかと画策し、自分の代わりに会津を治めることになった蒲生氏郷《がもううじさと》（一五五六―一五九五年）と、領地の境界線などをはじめ、ことごとく対立します。ところが、こうした伊達政宗の蠢動《しゅんどう》に業《ごう》を煮やしたのでしょう、蒲生氏郷は、「政宗に怪しい動き。謀反の疑いあり」と秀吉に報告してしまいます。

蒲生氏郷の暗殺を試みたものの、口を封じることに失敗した伊達政宗は、今度は伊達家の居城であった米沢城も取り上げられ、日本海側から太平洋側にあった葛西《かさい》・大崎《おおさき》旧領の岩出山《いわでやま》という所に拠点を移せと命じられます。米沢に七十二万石あった領地は、太平洋側に移ったことで五十六万石に減らされてしまいました。

東北地方ナンバー１の実力を持っている伊達政宗ですら、秀吉の機嫌を損ねたら潰されてしまう。それほどまでに、「豊臣」の力は強かったのです。

家康が先に死んでいたら、秀吉は家康の領地を奪っていたはず

当時、秀吉の力がいかに強大だったのか。それを象徴するエピソードとして、もう一つ紹介したいのが丹羽長秀《にわながひで》（一五三五―一五八五年）という武将の話です。

丹羽長秀は、織田家の家臣の中では秀吉の先輩に当たります。

この人は、どこの馬の骨か分からない秀吉や明智光秀とは違い、柴田勝家《しばたかついえ》と共に代々織

田家に仕えていた人物で、信長が亡くなる時には、上から五番目くらいの位置にあった人でした。

さて、この丹羽長秀は秀吉への支持を続けており、秀吉が織田家から実質的に政権を奪う間も、ずっと秀吉の味方をしていました。

秀吉にしてみれば、先輩が自分を支援してくれたということも、天下人になる上では非常に大きな意味があったわけです。

それで、天下人になった秀吉は、丹羽長秀に「ありがとう」という感謝を伝えるため、柴田勝家がかつて居城にしていた、今の福井県のあたりに百万石を超える大きな領地を与えています。

ところが、長秀が亡くなった途端、秀吉は「跡継ぎの丹羽《にわ》長重《ながしげ》には、百万石を経営する能力はない」と考え、丹羽家の土地も家臣も奪います。結局、長重は加賀国の小松《こまつ》の城主に移され、領地は十二万石にまで減らされます。

江戸幕府の場合は家の取り潰しこそ起こるものの、格別のルール違反がないのに領地をいきなり百万石から十二万石まで減らすようなことは、行いませんでした。

また、先ほど名前が挙がった蒲生氏郷の場合も同様です。

この人は非常に優秀な人だったので、亡くなる直前には、会津に九十二万石の領地を与えられていました。ところが、氏郷が死んだ時に、息子の蒲生秀行《がもうひでゆき》はまだ幼かった。秀吉は「こんな幼い子に九十二万石なんて治められないだろう」と、蒲生家の九十二万石の領地をなんと二万石にまで削ろうとしました。

すると、豊臣の家臣団から（このとき、口火を切ったのは石田三成《いしだみつなり》だったと言われています）「秀吉様がそんなことをすれば、他の大名たちは安心して死ねません。みんな、自分の領地を息子に譲ることを秀吉様が認めてくれると思うからこそ、豊臣政権に忠節を尽くす気になっているわけです。だから、死後にそんなに領地を削ってしまわれるのは、キツイですよ」との声が上がったそうです。

それを聞いた秀吉は、一度は「わかった」と言って、そのまま秀行に九十二万石の領地を引き継がせます。ただし、最終的にはやはり、秀行の領地を宇都宮《うつのみや》の十八万石に削っています。

つまり、秀吉は何よりも大事にされていた領地を奪うことを平気でやってしまう専制君主であり、周囲にはそれを止める手立てはなかった。そう考えると、仮に秀吉がまだ元気な時に家康が亡くなった場合、当然、徳川家も同じように大幅に領地を取られていたはずです。それも、相当ひどいやられ方をしていただろうと推測できるわけです。

そもそも秀吉が多くの大名たちの領地を奪おうとしていた理由として、一つ考えられるのは、「恩賞として与える土地が無くなっていた」という説明があります。

朝鮮出兵を秀吉が行った理由については、いまだきちんとした研究結果が出ていないのですが、その一つとしては、これ以上国内にご褒美として与える土地がないので、海外に進出して新たな土地を奪う。その上で、新たな土地を欲する大名たちのエネルギーを外に向けよう。そう考えた可能性があるはずです。

それを考慮すると、家康が関東に持っていた二百五十万石の領地は、秀吉にとってはよだれが出るほど欲しいものです。にもかかわらず、その広大な領地をしっかりと守っていた家康の人間力は相当なものだったのでしょうが、仮に家康が早く死んでいたならば、秀吉は必ずやその領地を削っていたでしょう。

豊臣政権は、「システム」としては機能していなかった

秀吉が長生きしたために、起こった失敗もあります。

その一つは、間違いなく朝鮮出兵でしょう。

当時の豊臣政権に仕える大名たちは、みんな「朝鮮には行きたくない」と考えていました。リスクしかないため、失敗するとわかっていたからです。

それでも、天下人である秀吉が「行け」と命じる以上、文句を言わずに行くしかなかった。これは、のちの太平洋戦争と同じようなものです。

そして、みんなが「失敗する」と思っていた朝鮮出兵は、案の定大失敗に終わります。報償も当然なにもなく、「行きたくなかったのに、文句を言うことができなかった」という負のエネルギーだけが大名たちの間に残ります。

秀吉が生きている時代には口に出せなかった秀吉批判は、秀吉の死後、秀吉の忠実な部下であった石田三成に向かっていきました。そこに家康はつけこんで、不平不満をまとめ上げ、自分の味方を増やし、それが江戸幕府を生む力となった。

そう考えると、もしも秀吉がもっと早く死んでいたならば、どう考えても世の中が変わっていたとしか思えません。

豊臣家が滅びた理由として、よく挙げられるのは「豊臣秀頼が子どもだったから」というものです。たしかにそこにも真実はあるのでしょうが、それよりも、政権システムが安定する前に、秀吉というカリスマが消滅してしまったことの方が重要だったろうと僕は思います。

つまり、豊臣政権は秀吉という「人」に支えられる部分が多く、「システム」としては十全には機能していなかったのです。

仮に秀吉が、女遊びもせず、お酒もほどほどにして、お茶でも飲んで健康に留意し、毛利元就や徳川家康のように、七十五歳、あるいは八十歳まで生きていたなら。朝鮮出兵でひどい目に会った大名たちも、秀吉には文句は言えなかったはずなので、豊臣政権が存続していた可能性は充分にあると思います。

ただ、それが徳川幕府と何が違うのかというと、武家の政権である以上、さほど変わることはなかったでしょう。

信長の時代に始まったお米の取れ高で領地を量るという方法を採用し、秀吉は太閤検地でお米を基礎とした政権作りを行っていました。米で全国の年貢を統一したのです。となると、生産構造は江戸幕府と変わっていなかった。であれば、その上に築かれる社会もまた、似通っていたのではないでしょうか。

前田利家《まえだとしいえ》シンパの蒲生氏郷《がもううじさと》の動き次第で、天下人は変わっていた？

その他に、「この人がもっと長生きしていたら、日本の歴史に影響を与えていたのではないか」と僕が思うのが、先ほどから何度も名前が挙がっている蒲生氏郷です。

彼は信長によって幼少期に才能を見出された人物です。当時、信長の周りには、全国各地の武家の子どもたちが、人質として集まっていました。多くの大名小名たちが、「織田家にお仕えします」という証明として自分の子どもを、信長に預けていたのです。

子どものうちから、ほかから抜きん出て、「この子はできるな」と思わせる存在感を発する子はいるものです。もちろん「二十《はたち》すぎればただの人」になることもあるでしょうが、そのまま優秀さを保ちつづける人は少なくない。おそらく蒲生氏郷も、子どものころから周りとは違う出来の良さを示していたのでしょう。

信長は氏郷の才能に惚れ込み、元服後、自分の娘と結婚させます。

秀吉も氏郷が優れていることはよくわかっていた。だから、伊達政宗を黙らせることのできる力を持った武将は誰かと考えたときに、彼を会津に派遣するわけです。

最初、蒲生氏郷は会津周辺に四十二万石の封地を持っていました。ところが、先述したように、会津をどうしても取り戻したいと思っていた伊達政宗は、陰でいろいろと裏工作をするのです。ところが氏郷は、それをことごとく撥《は》ね退《の》けていきます。

最終的に、氏郷から「あの伊達政宗っていう奴はクロです」と秀吉に報告が行き、政宗は京都に弁明に行くものの、秀吉は政宗の言葉よりも氏郷の言葉を信じたので、米沢城を奪われてしまいます。

その時の功績で、氏郷はさらに土地をもらい、九十二万石という大きな領地を持つことになりました。

その氏郷が四十歳のとき、胃ガンで亡くなります。「限りあれば吹かねど花は散るものを心みじかき春の山風」という辞世が残っています。無念だったのでしょう。

ここで、「優れた武将であった氏郷が、もしも、もう少し長く生きていたらどうなるだろうか」ということを考えるのは、非常に興味深いことです。

蒲生氏郷はお茶にも精通した人物です。千利休《せんのりきゅう》には、七人の高弟《こうてい》と呼ばれる人々がいますが、その筆頭に挙がるのが氏郷です。

ただ、これには千利休が切腹を命じられたあと、彼の息子を氏郷が保護したという背景があります。その恩義として、江戸時代に利休のお茶が復活したとき、子孫が「蒲生さんがいてくれたから、今の私たちがあるのだ」との感謝を込めて、氏郷の名を一番に挙げている可能性もあるのかなと僕は思っています。

これは余談ではありますが、当時、お茶とキリスト教は非常に親和性があったようです。蒲生氏郷はレオンという洗礼名を持っているキリシタン大名としても知られています。当時、キリスト教の道に入った人には、単なる新しもの好きな人もいますが、聡明な人が非常に多い。聡明だからこそ、伝統的な神や仏ではなく、キリスト教のもつ論理的な教養に興味を持ったともいえるのでしょう。そして、そうした思考力に富んだ人は趣味としてお茶を深く愛するのです。

さて、本筋に話を戻しますが、蒲生氏郷はお茶を通じて、前田利家《まえだとしいえ》とも深い親交がありました。

真偽のほどはわかりませんが、エピソードとしてよく上がるのが、次の話です。あるとき、氏郷と同年代の武将たちが集まって、「もしもの事が上様にあったら、誰が天下を取るか」という話をしていた時、大方の武将たちは徳川家康の名前を出したそうです。

そこで氏郷だけが、「いや前田殿だ」と言う。

「なぜかというと、徳川殿が関東で挙兵しても、俺が会津から攻撃をかけるから、絶対に上洛はできないのだ。その間に前田殿は北陸から京都を制圧できるから、前田殿が天下を取るだろう」

と言ったそうです。

そのくらい、蒲生氏郷は前田びいきで、徳川家康に対して仕掛ける気マンマンだったわけです。

だから、もしも氏郷がガンにならずに、関ヶ原の戦いの時に生きていたとしたら、どうなっていたか。関ヶ原の時には、すでに上杉家が会津に移っていましたが、もしも彼が健在だったら、そのまま会津に領地を持っていたでしょう。そうすると、徳川家康にとっては相当な脅威だったのではないでしょうか。

上杉家は、徳川家康が上杉討伐を途中でやめて江戸に帰ったときも、後ろから襲いかかることはしませんでしたが、蒲生氏郷はすでに「俺は徳川に仕掛けるぞ」と最初から言っていたわけなので、もし彼が生きていたならば、家康は江戸から容易に動けなかった可能性が高い。そうなると、だれが覇権を掌握するか、全く読めなくなります。

このように、誰が早く死に、誰が最後まで生きているかということが、とくに政権のありようを考える上では、とても大事なのかなと思います。

ただ、ここで我々が気にするべきは、誰かが豊臣政権に代わって政権を作ったとしても、その主体は武士だったろうこと、基本的に社会的な変革はなされなかっただろう、ということです。

もしかしたら、その人物は蒲生や前田だった可能性も十分にあります。もちろん、豊臣が生き残ることや信長の子孫が幕府を開く可能性もあった。

徳川家については、家康が死んでいた場合は、跡継ぎの秀忠の力だけでは、やはり百戦錬磨の戦国武将たちに領地を食い荒らされて、ひどい目に遭っていたのではないかという気はします。

家康以外の誰かが天下人だったら、幕府の場所はど田舎・関東はありえない

では、家康以外の誰かが政権を取っていた場合、現在と大きく変わっていたことというと、それは何でしょう。

やはり首都は、現在の東京ではなかったでしょう。

当時の先進地方は、どう見ても近畿地方でした。そこには日本列島の富が集まっていた。

大坂が天下の台所だと言われていたように、近畿が経済の中心であったことは江戸に幕府ができても変わりませんでした。

信長は現在の滋賀県に安土《あづち》城を建設して拠点としていましたし、秀吉は、京都、大坂、伏見《ふしみ》の三つを水路で結び、複合的な首都を築いて、豊臣政権を維持していました。信長も秀吉も、当然のごとく自分の本拠地を近畿地方、京都の周辺に置いていたのです。

つまり、家康以外の誰かが天下人になっていたとしても、絶対に幕府の場所として、田舎の関東は選ぶはずがなかった。

歴史の巡り合わせで、もしも、仮に前田家が幕府を開いていたら、自分の城下町である金沢を拠点にしたかというと、少し考えにくいです。やはり、前田も京都に進出し、幕府を開いていたのではないかと思います。

蒲生氏郷が、幕府を開いたとしても、おそらく近畿地方だったでしょう。

ここに、氏郷が当時の日本の地域に対してどんな思いを持っていたのかがわかる、とあるエピソードがあります。

あるとき、氏郷は家来の前でため息をつきます。家来が、「どうしたんですか、殿。何かご不満でも?」と尋ねると、彼はこう言いました。

「九十二万石という領地をもらったけど、それが不満なのだ。会津に来る前は、十二万石とはいえ伊勢松坂《いせまつさか》に領地があった。一見、俺は出世を遂げたように見えるけれども、こんな田舎にいたんじゃ、天下になにかあったときに重要な働きをすることができない。これは、体《てい》の良い厄介払いだ」

伊勢松坂は、十二万石と領地自体は少ない。でも、氏郷は会津の大領よりも、天下にすぐに関わることができる伊勢松坂の方がよかったと嘆いているわけです。

こうした考え方は、同じく戦国武将の滝川一益《たきがわいちます》も口にしています。

一益は織田信長に仕えていた武将ですが、武田滅亡の後に、信長から上野国《こうずけのくに》一国と信濃の二郡、合わせて六十万石ぐらいの大きな所領をもらいました。

しかし、これに対して、一益は商人の友人に、ある手紙を出しています。その内容を簡単に言うと、「自分は大きな領地をもらって関東地方の前橋《まえばし》にいますが、それに全く満足していない。なぜかと言うと、この辺には文化が無い。上手いお茶を飲むことができない。『茶の湯の冥加《みょうが》はつき果てた』こんなところ嫌だ」という内容でした。

当時の人の感覚からすると、住むならば京都、大坂の方が圧倒的によかった。これは、現代の首都圏に住む人たちが、できるだけ高級住宅地に住みたいと思うのと同じこと。

たとえば、テレビ関係の人には、西麻布《にしあざぶ》、中目黒《なかめぐろ》の二か所が人気だそうで、「麻布か目黒に家を建てられれば、俺の人生は成功だ」と思えるのだそうです。僕が生まれた東京都葛飾区《かつしかく》亀有《かめあり》や、今住んでいる千葉県の市川《いちかわ》なんて誰も鼻もひっかけません。

だから、この時期に豊臣秀吉や徳川家康の代わりに誰かが政権を作った場合、おそらく京都に近い場所で政権作りをやったであろうと考えられます。

家康が早く死んでいたら、今の日本の首都は東京ではなかった

そうなると、天下人になった家康が、関東に都を作ったのは、当時の人からすれば、相当に不思議な選択だったと言えるでしょう。

では、なぜ家康は関東に本拠地を置いたのか。それには、二つの見方があります。

まず、一つは単純でつまりませんが、「家康がすでに江戸の城主だったから」というものです。

家康はもともと秀吉に「江戸に行け」と言われたために、この地を治めていました。たまたま自分がそこにいたからこそ、自分が天下人になる時に、関東で幕府を経営すること

を選んだという見方ができます。

また、もう一つの可能性としては「家康は武士の政権を再興するために、関東を選んだ」という考え方です。

もしかすると、最初、家康は嫌々関東にやってきたかもしれません。しかし、その後、全国に自分の家臣を派遣して、『吾妻鏡《あづまかがみ》』を集めています。

『吾妻鏡』は鎌倉時代の本なので、長い年月を経て、日本全国にバラバラに散っていました。家康は「あそこに第何巻があるらしい」と聞けば、そこに人を派遣し、お金を出して買い取るなどしていたようです。我々が今のような『吾妻鏡』を読めるのは、実は家康がこうやって力を尽くして収集してくれたおかげです。

なぜ、家康は『吾妻鏡』を集めたのか。それは、鎌倉幕府、武士の政権について学びたかったからではないかと僕は考えます。

『吾妻鏡』には、源頼朝《みなもとのよりとも》がいかにして関東で政権を作ったかという様子が描かれています。家康がこれを一生懸命勉強したと考えると、家康がたまたま江戸にいたから江戸で政権作りをしたというよりは、家康は江戸という土地を積極的に利用したのではないか。

むしろ、彼は「江戸で新しい政権を作ろう」という強い意志を持っていたのでしょう。

室町時代からの本拠である京を一旦離れ、いろいろなしがらみを捨てて、新しい世を開拓しよう、と。

家康が七十五歳まで生きて、元気だったからこそ、今の東京がある。家康が、もしもう少し若死にしていたら、日本の首都は今でも大阪や京都だったはずです。

そう考えると、家康という人が秀吉よりも長生きして成功し、江戸幕府を開いたことは、この後の歴史に大きな影響を与えたと言えるのではないでしょうか。西高東低があたり前だった日本列島の重心は、確実に東へと移動したのですから。

第9章　もしも、浅井長政《あさいながまさ》が織田信長を裏切らなかったら…

信長の妹・お市――同盟強化など、「外交官」の役割を担った大名のお姫様たち

当時、岐阜城にいた織田信長にとって、京都を目指す際、山を避け、関ヶ原《せきがはら》や米原《まいばら》を通り、琵琶《びわ》湖の南から京都に入るのが一番近いルートでした。これは、今の新幹線と同じルートですが、その途中にある交通の要地、米原の周辺を治めていたのが浅井長政（一五四五―一五七三年）でした。彼は、滋賀県琵琶湖のほとりにある小谷《おだに》城に本拠を持っていた戦国大名です。

だから、織田信長が岐阜から京都へ行こうとした時、一番の問題は浅井長政の勢力をいかにかわしていくかという点でした。

信長は、長政と対立するのではなくて、同盟を結ぶという選択をし、自分の妹であり、美人の誉れ高いお市を、この浅井家に嫁がせました。

当時は、身内の女性をほかの大名家に嫁がせて、同盟関係を結ぶというやり方が存在しました。それゆえ、大名のお姫様は、他所の大名にお嫁に行き、お互いの同盟を強化する。現在でいう外交官や外交大使みたいな役割も果たしていました。

たとえば、武田と今川と北条の三つの大名家は同盟を結んでおり、それぞれの家同士で二重三重に婚姻関係を結んでいます。

武田の家に今川の血が入り、今川の家に北条の血が入り、北条の家にも武田の血が入る。親戚になることで、同盟関係を強固にする狙いがあったのです。

こう語ると、「当時の大名のお姫様は、政略結婚の道具にされていたのだ」と言われるのですが、実は、政略結婚で他大名にお嫁に行ったお姫様ばかりではありません。相当数の女性は、他の大名家には嫁いでいません。

織田家の場合は、信長の祖父も父も子沢山だったので、彼にはたくさんの弟や妹がいました。信長の家は美男美女が多く、お市さんや彼女の姉に当たるお犬の方も大変な美人だったと言われています。自身も瓜実顔《うりざねがお》の美男であったことで有名です。

政略結婚の道具にしようと思えばできるのに、この信長の妹たちも、大半は織田家の家臣の家に嫁ぎます。

なぜかというと、本当に女性の幸せを考えたら、いつ敵に寝返るかわからない大名のところは不安定なのです。そうではなくて、昔からの家臣の家に嫁にやろう、それなら安心して暮らせるだろう、というのが当時の常識だったわけです。

日本史では、最後まで守られた織田信長と徳川家康の同盟が有名なので、何となく「同盟とは守るのが当たり前のもの」だと思われがちですが、決してそんなことはありません。仮に同盟を組んでいても、裏切られることは多々あります。むしろ、長く関係性を保った同盟の方が数少ない。

本書でもすでにお話ししたように、武田信玄は自分の息子に今川の娘を嫁としてもらったにもかかわらず、同盟関係を破り、駿河国を攻めました。そして、結局今川家は滅んでしまう。今川家から嫁を貰っていた武田義信は、「親父やめろよ」と反対し、関係が悪くなって、結局は息子は自害させられることになりました。

これを見ても、当時の同盟というのは、破るために結ぶようなもので、一度結んだ同盟が長続きした事例は、あまりありません。

いつ織田家の敵に回るかもしれない浅井家に、家来もあまりいない状況で乗りこんでいくので、お市さんも浅井家に嫁ぐ際は、相当な覚悟を持って行ったはずです。

その上で、外交大使的な役割を担うのであれば、相当なコミュニケーション能力や聡明さが必要になります。それを満たした女性が、信長の妹のお市さんだったのでしょう。

同盟下で織田信長を裏切った、義理の弟・浅井長政

時代柄、同盟自体が長く保たれない可能性はあったものの、織田信長が大切な妹のお市を浅井長政の嫁にしたのは、婚姻関係を作って、浅井家と密な関係を結びたいという意志の表れです。

そして、浅井長政が織田信長の義理の弟になり、織田家と浅井家には同盟関係ができました。

その後、信長は岐阜を出発して、大軍を引き連れて京都に上洛します。そして、足利義《あしかがよし》昭《あき》を十五代目の将軍に据えたことで、「浅井も味方になったし、これで京都は俺の勢力圏に入った。織田家はますます強くなるぞ」と思ったことでしょう。信長は浅井長政という

人物を高く評価し、大切にしていたため、その時、長政は信長の義理の弟として一緒に京都に入っています。

ところが、その後、信長が「越前《えちぜん》の朝倉《あさくら》家を滅ぼす」と言い出し、現在の福井県である越前に向かいます。岐阜を出発して浅井の領域を通って、朝倉を攻めようとした信長に対して、突如として長政が攻撃を仕掛けました。

浅井は自分の味方だと思っていた信長は、浅井の領地を通るときには全然警戒をせず、完全に背中を見せており、無防備な状態でした。そこを狙われれば、ひとたまりもない。浅井長政が裏切ったことを知った信長は、その場では戦わず、慌てて京都へと逃げだします。

その後、信長は浅井・朝倉の連合軍と何年にもわたって戦い、最初に朝倉を滅ぼし、返す刀で浅井も滅ぼしてしまいます。お市の方は、浅井家が滅んだあと、泣く泣く織田家に帰っていくことになりました。

「浅井家は朝倉家に深い恩があった」は本当か

さて、ここまでが歴史上の流れなのですが、この話をするときに、まず考えておきたいのが、「なぜ、浅井長政は信長を裏切ったのか」です。

その理由として、有名なのが「浅井家は朝倉家に返すことができないくらいの深い恩があったから」というものです。

たしかに、浅井家と朝倉家にそれなりの関係があったことは間違いなかったので、長政は、信長に対して「もしも、朝倉を攻める時は必ず私に相談してください」と言っていた。それにも関わらず、彼に何の相談もないまま、織田信長は朝倉を攻めようとした。「それは約束違反じゃないか」ということで、朝倉を助けるために長政は立ち上がったのだと言われます。

ただ、実のところ、浅井家と朝倉家の関係なるものを調べてみると、どうして朝倉に恩を感じないといけないのかが、よく分からない。

たとえば、朝倉一族には朝倉義景《あさくらよしかげ》を補佐していた朝倉宗滴《あさくらそうてき》という人物がいるのですが、この人は非常に戦《いくさ》の上手い人でした。彼が残した数々の言葉の中には、これこそ戦国武士

の本質を表している一言があります。それは、

「武士は犬とも言え、畜生とも言え、勝つことが本《もと》にて候《そうろう》」

というものです。

これはつまり「武士は犬と言われようが、畜生と言われようが、勝たなきゃダメなんだ」という意味です。激烈な言葉ですが、「勝ってこそ武士だ」という言葉を残した朝倉宗滴は、朝倉家の全盛時代を作り上げた大功労者で、彼が死ぬと朝倉家はガタガタガタと力が下がってしまったほどです。

この朝倉宗滴が軍司令官になっていた時期に、浅井家の小谷城を占領していたことがあります。しかも、浅井家は「お前ら、戦争のやり方を知らないみたいだから教えてやる」と宗滴に言われて、教わっていたらしい。

これは、浅井家にとってみると、どう考えても「朝倉め、こんちくしょう！」と思うに足りる屈辱的な出来事であって、間違っても、「返せないほどの恩」を持つ原因にはなりえません。

浅井長政は信長を裏切ったことで、千載一遇のチャンスを逃した

ならば、どうして浅井長政は信長を裏切ったのか。

僕が、いかにもありそうだと思うのが、「長政が誘惑に負けた」という説です。

浅井家も戦国大名です。だから、織田信長が背中を見せて全く無防備な状態で朝倉攻めにかかった際、「あれ、織田軍は油断しきっているのだから、後ろから攻めたら、信長を倒せるんじゃないかな？」という誘惑に勝てなかったのではないか。

「信長の妹であるお市は、女房として可愛《かわい》いし、美人だ。だけど、女房の色香に迷うわけにいかない。俺も男だから、ここは、いっちょ信長を討ってみるか！」という気になってしまったのではないか。

このノリは、明智光秀が本能寺で信長を襲ったのと、あまり変わらない気がします。

しかし、浅井長政に襲われたときに、信長は恥も外聞もなく一目散に逃げたので、長政は信長を討ち取ることはできなかった。後に、信長と浅井・朝倉の連合軍が戦い、浅井は滅びていくことになります。

しかし、もしも、浅井長政が、織田信長を裏切らなかったらどうなっていたのか？

信長は、このとき、徳川家康とは同盟を結んでいました。

徳川家康と同盟を結んだ信長は、最後までちゃんと家康に対してそれなりの処遇をしていました。けれど家康にしてみれば、「良いように信長に使われていた」という気持ちはあったと思います。

たとえば、武田という強大な敵がいたわけですが、信長は家康を武田に対する盾にすることが常でした。「信長さん、援軍を送ってください」と家康に言われても、ケチな信長は援軍を送らず、「うちも忙しいから、頑張ってね」と放置していた。

これ以外にも、信長のせいで、家康は何回も死ぬような思いをしている。ただ、それでも何でも家康は頑張った。だからこそ家康は律儀者と言われるし、「あいつは信頼できる男だ」という評価を得ることにつながりました。

それが家康の信用を作っていき、彼はそれを財産として天下人にまでなるわけです。

浅井長政が信長の義理の弟だった時期は本当に短かったのですが、やはり信長は優秀な人材が好きなので、長政と同盟軍だった時期には、ちゃんと面倒をみている。

そう考えると、浅井長政のような有能な人間が、信長を裏切らず、最期まで仲良くし、朝倉攻めにも積極的に参加していたならば、元々北近江《おうみ》に領地を持っていた浅井に対して、

「朝倉の領地をやるよ」と、信長から領地をもらっていた可能性もあります。

そうしたら、浅井は上杉への盾として使われたかもしれないけれど、かなり立派な戦国大名になっていたはず。信長が本能寺で死んだ後、長政の立ち回りいかんによっては、浅井幕府ができていた可能性もあります。

そう考えると、浅井長政は信長を裏切ったことで、千載一遇の立身のチャンスを逃したといえるかもしれません。

第10章　もしも、「本能寺の変」のとき、織田信忠《のぶただ》が逃げていたら…

息子・信忠のために、次世代武将の育成に励んでいた信長

本書でも一度触れていますが、織田信長は自分の息子の信忠に、生前の早い時期から家督を譲っていたため、形式上は織田家の当主ではありませんでした。

ただ、僕は常々、「日本の歴史では、大切なのは、官職ではなく人である。地位ではなくて人である」と説明しています。

秀吉も甥の秀次《ひでつぐ》に関白職を譲っていますが、先の関白職である太閤として「太閤殿下」を名乗っていた。つまり、関白職は譲っても、天下人は秀吉であり続けたということです。

徳川家康も、自分が生きている間に将軍職を息子に譲っています。ただし、大御所として、自分の権力は手放してはいない。

信長も同じことで、家督自体は譲っていても、それはあくまで形だけの事。信長が天下人であり、一番のボスであるという事実は、ゆるぎない事実です。

前述のように、信長は用意周到に手を打っていて、岐阜城を信忠に与え、自分は安土城に移動したものの、信忠の周りに有能な家臣を配置した上に、これからの信忠の時代に活躍するであろう若い武将を登用しています。

たとえば、森蘭丸《もりらんまる》の兄である森長可《もりながよし》という人もその一人です。「本能寺の変」が起こる一五八二年の早期に織田信長が武田家を亡ぼします。その際、長可は、長野県にあった武田の領地のうちの十万石ほどをもらっています。

このように信長は若い世代のなかに、十万石ぐらいの大名を作り、信忠の代を支えようとしていた形跡がある。

織田家では、信長の小姓として身近に仕えている人が、そのまますくすくと伸びた場合、有能な家臣として織田家中で台頭してくるという道筋があったようです。だから、最期まで信長と共にいた森蘭丸も、若手の武将として出世街道を歩んでいました。

父からの知らせを聞いていたのに、逃げなかった信忠

武田家を滅ぼしたのと同じ年に、信長が本能寺で討たれます。

そのとき、長男の信忠はどこにいたのかというと、京都の妙覚寺《みょうかくじ》というお寺にいました。

そして、信忠の元に「信長が襲われた」という第一報が入ります。

真偽のほどは不明ですが、信長は明智光秀に襲われたとき、自分のそば近くに仕えている一人の侍に、「信忠の所に行って、『光秀が攻めてくる』と伝えろ」と送り出したとか。

その侍が、黒人の侍・弥助《やすけ》だとの説があり、今、弥助をモデルとした映画が、ハリウッドで映画製作されているそうです。ストーリーについても、おそらくそういった話になるのであろうと予測されます。

せっかく信長が「光秀が攻めてくるから、さっさと逃げろ」と知らせを飛ばしたのに、信忠は逃げなかった。

彼は二条《にじょう》御所に立て籠《こも》り、防戦したものの、結局、光秀の軍勢がそこに攻め込んだことで、信忠は自害することになります。

一万人の兵を率いて信長を襲った明智光秀は、一万人の兵を五千人ずつに分けて信長と

信忠を襲うのではなく、まずは一万人の兵を全員投入して、信長を討ち取ろうとしました。信忠を襲ったのは、あくまで信長を討ち取った後だった。そう考えると、信忠には逃げられる可能性が十二分にあったはずです。

実際に、信長の末の弟であり、茶人として知られ、有楽町の名前の由来にもなった織田《おだ》有楽斎《うらくさい》は、逃亡に成功しています。

有楽斎は女装をして逃げたらしいのですが、彼が逃亡できたのだから、最初に一報を聞いていた信忠だって、逃げることはできたでしょう。

それにもかかわらず、信忠は光秀の軍勢と戦って死ぬことを選んでしまった。

家督はすでに信忠に譲られていたわけなので、研究者の中には「もしも信忠が生きていれば、織田政権自体は継続したはずだ。信忠が中心となって光秀を倒していれば、織田政権は安泰だったんじゃないか」という人が少なくありません。

では、果たして本当にそうだったのか。本章では、科学的な視点に立って、この「もしも信忠が生きていたならば」という仮定について考えてみたいと思います。

織田家の「システム」は、信長の死後も保たれていたか

ここで再び皆さんに思い出してほしいのが、本書でもすでに登場した「人」と「システム」の問題です。

勢いのあるベンチャー企業などの場合は、社長個人が前に出て、社員を引っ張っていくということも多い。社長のキャラクターが強い企業の場合は、社長が途中で倒れた場合、勢いを失う可能性は極めて高いのです。

ところが、日本の成熟した企業の場合、社長はそんなに給料をもらってないケースが多い。さらに、欧米に比べると、会社の経営自体に社長の人格が反映されることはめったにありません。社長は歴代の社長のやり方を踏襲し、そこに自分の工夫を加味する。しかし、あまりに大きな変革をしようとすると、すぐに更迭されてしまう。それが日本風の企業経営です。

つまり、この場合は、一人の人間の有能な個性というものよりは、システムが重視される傾向にあると言えます。

では、信長の場合はどうだったのかというと、「信忠さえ生きていれば織田政権は続い

た」という考え方を採用する場合、これは織田政権がシステム化に成功していたという前提の元に考えるべきです。

システム化がうまく機能すれば、信長がトップであろうが、信長の息子である信忠がトップであろうが、織田家の血をひいている正統的な人物がトップに立ったなら安定する。この前提であれば、信長が死んでも二代目の信忠が生存していたら織田政権は安泰だという説は、間違っていないことになります。

ただ、僕が見るところ、信長の時代は、まだまだ彼個人のカリスマが織田政権を支えていたという風に考えざるを得ません。その証拠は、実にたくさんあります。

「神君伊賀越え《しんくんいがご》」――信長が死んだ途端、アナーキー化した日本社会

豊臣秀吉が亡くなった後、社会で特別な変わった事態は起きませんでした。

ところが、信長が死んだときは、社会は無政府状態に陥りました。秩序が失われたのです。端的に言えば、悪いことをやっても、捕まえる人がいないので、何をやってもいいだろうという状態です。

信長の死後、社会がいかに混沌としていたかを象徴的に表すのが、堺《さかい》見物に来ていた徳川家康と穴山梅雪《あなやまばいせつ》の事例です。なお、梅雪は、武田信玄の義理の弟で、武田の跡継ぎのような存在でした。

徳川家康と穴山梅雪は信長に挨拶に来て、その後、たまたま堺で遊んでいました。

信長がこのとき家康を歓待しようとして、最初は明智光秀が接待役を仰せつかったものの、光秀が用意していた魚が少し臭った。そのため、信長は激怒し、魚を全部捨てさせ、光秀は接待役を罷免されました。どこまで本当かはわかりませんが、この仕打ちのせいで、腹を立てた光秀が、本能寺の変を起こしたという説もあるほどです。

さて、堺で遊んでいたところ、信長が討たれた話を聞いた二人は、「自分たちもそんなに家臣を連れてきていないし、明智光秀に襲われたら大変だ」と思い、急いで国元へ逃げる算段をします。

このとき家康は、南山城《みなみやましろ》と呼ばれる京都と奈良の境目辺りを通り、伊賀国《いがのくに》へ抜け、伊勢湾の白子《しろこ》に出て、そこから船に乗って岡崎《おかざき》へと命からがら脱出しました。

これがかの有名な「神君伊賀越え《しんくんいがごえ》」です。なお、「神君」とは、のちに東照大権現の称号を得た家康を敬った言い方です。

徳川家康は生涯の中で、二回、命の危険にさらされた出来事があるのですが、その一つが「三方ヶ原《みかたがはら》の戦い」です。これは、徳川家康が武田信玄にボロ負けに負けて、あと一歩で、首を取られていたと言われるほど、危険な状態でした。その際、家康は恐怖のあまりにウンコをもらして逃げ帰ってきたという逸話でも有名です。

そして、「三方ヶ原の戦い」よりも、家康が絶体絶命の危機を感じたとされる出来事が、この「神君伊賀越え」でした。

何が恐かったのかというと、帰り道の途中にある伊賀国を越える辺りで、近くに住んでいる農民たちが、金持ちの物品を奪うために襲ってくる可能性があったことです。

家康は何とか無事に帰ることができましたが、このとき、別ルートで帰ろうとしていた穴山梅雪は、京都の南の方にある田原《たわら》という南山城のあたりで農民に殺されています。彼の殺害を見ると、同じような状況にあった家康が農民に殺されていても、決しておかしくはありません。

戦国時代自体が弱肉強食で、力の強い者が勝つという原理で動いていた社会です。信長が生きていた頃は、織田政権の力でその風潮を抑え込み、ある程度の治安が保たれていましたした。ところが、彼が死んだ途端にこの機能が壊れ、社会の警察機能が失われてしまい、悪いことをやっても捕まらないというカオスな状況に陥ってしまったのです。

これはつまり、織田政権のシステムというものが、うまく機能していなかったと言わざるをえません。

「清洲会議」に参加できなかった、反秀吉派・滝川一益《たきがわいちます》

さらに、もう一つ、信長の死後、織田家のシステムが破綻した証拠をご紹介します。

本能寺の変が起こる半年ほど前に、大きな領国を築いていた武田家が織田家によって滅ぼされました。

その際、武田の領地は、織田家の家臣たちに分け与えられています。たとえば、本領であった現在の山梨県にある甲斐国《かいのくに》二十万石は、河尻秀隆《かわじりひでたか》という昔から信長に仕えていた武将に与えられました。そして、現在の群馬県である上野国《こうづけ》と、信濃国《しなの》の二郡は、武田攻めの実質的な大将であった滝川一益に与えられ、彼は五十～六十万石の領地を有する大大名になりました。

一益が「茶の湯の冥加もつき果てた。こんな田舎じゃお茶も楽しめない」と言ったと言

われる一方で、大きな領地をもらったことは間違いない。

そのほかにも、森蘭丸の兄にあたる森長可は、長野市辺りに十万石の領地をもらいました。これは先にご紹介した通りです。

この人たちは、武田領に住んでいる人たちからすれば、いわゆる占領軍です。彼らは武田家が滅びた後、そこに入って来た新しい領主、新しい支配者でした。信長が生きている間は、地元の人々も新しくきた城主たちに従っていた。

ところが、織田信長が死んだ後、様子は一変します。

山梨県をもらった河尻秀隆の場合は、それまでは従っていた山梨の武士たちが、信長が死んだ途端に反乱を起こし、秀隆は自害に追いやられます。

滝川一益の場合は、小田原の北条氏と戦っていました。ところが、一益の命令に従っていた上野の武士たちは、信長が死んだ途端、「滝川殿を信じていると、俺たちまで滅びてしまうのでは」と危機感を抱き、あっという間に北条氏の味方になってしまいます。その結果、一益は神流川《かんながわ》の戦いで惨敗。命からがら、三重県の伊勢長島《いせながしま》まで逃げ帰ります。

なお、この敗北があったからこそ、あの有名な「清洲《きよす》会議」の場に滝川一益は出席することができなくなってしまいます。

清洲会議とは、明智光秀を討ち取った豊臣秀吉の主導の下で行われた、これからの織田家の行く末を考えるための会議です。

参加者の顔ぶれとしては、織田家の家臣としては席次が一番上だった柴田勝家、明智光秀を討ち取る功績を挙げた羽柴《はしば》秀吉。その直前まで、羽柴秀吉と明智光秀が、織田家の家臣団のなかで二番手と三番手を争っていた状態でした。明智光秀は謀叛人で死んでいるので、当然、その会議に参加していません。

それから、四番手が滝川一益で、五番手が丹羽長秀です。先にも触れたように丹羽長秀は秀吉のシンパなので、秀吉としては自分の意見に加勢してくれるであろう丹羽をどうしても呼びたかった。

一方の滝川一益は、どちらかというと反秀吉派でした。だから、柴田勝家としては、彼を呼びたかった。

ところが、秀吉は「北条家との戦いで、滝川一益は逃げて帰って来た。奴は織田家の恥である。だから会議に出席する資格がない」と言い張ります。

柴田にしてみれば「秀吉に『あいつは織田家の恥をさらした奴だ』と正面切って言われてしまうと、たしかに会議には呼びにくいな」という気持ちがあったのでしょう。

そこで、滝川一益の代わりに呼ばれたのが、信長の乳母の息子であり、昔からの信長とは悪ガキ仲間として親交があった池田恒興《いけだつねおき》です。

その結果、柴田勝家、羽柴秀吉、丹羽長秀、池田恒興の四人が清洲会議に出席し、今後の織田家の行く末を決めました。長秀と恒興は事前に工作を受けていて、秀吉の主張を支持。結果、柴田の意見はことごとく斥《しりぞ》けられました。

そこで決められた決定によって秀吉が権力を握り、最終的には天下人になりましたが、ここで四番手の滝川一益が来ていれば、歴史は少なからず変わっていたかもしれません。

信忠が生き残っていた場合、織田家はどうなっていたか

滝川一益にはとんだ災難ではありましたが、もしも織田家の支配というものが盤石であれば、織田家や一益にペコペコと頭を下げていた上野の武士たちが、信長の死後、手のひらを返すことはなかったはずです。

これを考えてみると、やはり「織田家の秩序」は、絵に描いた餅であり、システマティックなものではなかったことがうかがい知れます。

やはり、織田信長という一人の個人の力があったからこそ、織田家は動いていた。信長という人物が死んだことで、すべての決定がひっくり返り、一度は信長によって否定された「実力で勝てばいいだろう」という世界に戻ってしまった。

良くも悪くも、当時の政権というものは信長が引っ張っていたのだということが想像できます。

もちろん、どこの国でも最初に政権ができたときは、不安定なものです。期間が経過するほどに、勉強もするし、先を見据えた政策も打つことができる。だからこそ、安定する。それは当然です。

ただ、この争乱直後の時代はとくに、一寸先は闇です。信長という圧倒的な勝者であっても、あと一歩のところで、明智光秀に一発で倒されてしまうほど、織田家のシステムは不安定でした。そう考えると、仮に織田信忠がその場を生き延びたとしても、果たして彼に何ができたでしょうか？

もし、京都にいた信忠が無事に逃げ出すことができても、秀吉や柴田勝家や、滝川一益や丹羽長秀という海千山千の重臣たちからすれば、信忠はただの世間知らずのおぼっちゃんにすぎません。おそらく、「こんな若造の指図は受けない」と彼らは思っていたでしょう。

特に、秀吉はそう思っていたことは間違いなく、「信長に一番似ている」と外国人宣教師のレポートにも書かれていた信長の三番目の息子である信孝《のぶたか》は、あっという間に秀吉に立場を奪われてしまいます。

結局、信忠が生きていても百戦錬磨の秀吉をはじめとするほかの大名たちにいいようにされ、潰されていったのではないか。そう考えると、仮に彼が逃げたとしても歴史はさほど変わらなかったのではないかと僕は思います。

第11章　もしも、豊臣秀頼《ひでより》が女の子だったら…

豊臣秀次、小早川秀秋……後継者に大切なのは「血」か「家」か

豊臣秀吉は女遊びが好きな人物でしたが、若いうちから、ずっと子どもができなかったことでも知られています。

信長の息子を養子として迎え入れたこともありましたが、残念ながら、その子どもも若くして亡くなってしまいます。

だからこそ、秀吉にとって「誰を俺の跡継ぎにすべきか」は長年の悩みでした。

そんな豊臣家の中で後継者の最有力候補として出て来たのが、秀吉の姉の子どもである秀次《ひでつぐ》です。彼の姉は日秀院《にっしゅう》という田舎のおばちゃんですが、間違いなく秀吉と血を共有していました。

ただ、中世においては、実は「血のつながり」というものは、そこまで重視されません。簡単に言えば、「秀吉の縁者」であり、秀吉が認めた人であれば、割と誰でもよかったのです。

秀次は、秀吉にとっては甥っ子なので、血のつながりはあります。

豊臣政権の後継者争いの二番手は、関ヶ原での裏切りでも有名な小早川秀秋《こばやかわひであき》でした。彼は、この候補者争いの際には豊臣秀秋と呼ばれていましたが、彼には秀吉の血は一滴も入っていません。それにもかかわらず、候補者になったのは、秀吉の正妻である北政所《きたのまんどころ》の血筋の人間で、縁者だったからです。

なぜ、この小早川秀秋が選ばれたのかというと、北政所の兄弟の子どもたち、すなわち北政所の甥っ子たちの中から、北政所自身が「この子が一番賢そうだから」と指名して、もらってきたのが、秀秋だった。

とはいえ、先述の蒲生氏郷とは異なり、育ててみたら秀秋は大した才能を持っていなかった。それで北政所は彼のことを、相当嫌っていたようです。ただ、秀吉が「せっかくもらってきたのに、かわいそうだから、俺の跡継ぎの候補の一人にしよう」として、手元に置いたと言われています。

ところが、そのうち秀吉の側室であった淀殿が、鶴松《つるまつ》という男の子を産みました。秀吉は「ようやく自分にも子どもが生まれた！　自分にも子どもは作れるんだ」と大喜びしますが、残念ながら鶴松は二歳くらいで死んでしまう。

これには秀吉もがっかりして、「もう俺には子どもはできまい。もういいや。秀次に後を譲る」として、生前に関白職を甥っ子に譲ります。

ただ、これは織田信長と信忠の状況と一緒で、関白職自体は譲ったけど、天下人の座まで譲ったわけではありません。だから秀吉は、先の関白である太閤殿下として、極めて大きな力を振るいました。

余談ですが、関白に据えたとき、秀吉が秀次に、注意を与えた手紙が残っています。

その内容は、「お前を跡継ぎに定めるけれども、お前がゆくゆく天下人になったときには、俺のようになってはいけない」というものでした。

その中には、秀吉が秀次に禁じている事柄が書かれているのですが、それが非常に面白い。

まず一つ目に注意すべきことは「茶の湯」。秀吉は茶の湯が大好きで、事あるごとにお茶会を開いていたけれど、秀次には「お前もお茶が好きなようだけど、お茶会のやり過ぎはダメだよ」と釘をさしています。

二番目に注意したのは「鷹狩り」です。秀吉は鷹狩り大好きでしたが、これもやり過ぎてはいけないと諭しています。

そして、三番目が「女」です。秀吉は「自分はともかく女好きで、どうしようもない。お前もそれを真似るようなことがあってはならない。女遊びはほどほどにしなさい」と秀次に伝えています。それだけ聞くとよいお話ですが、「でも五人、十人なら構わない」と書かれているのが、すべてを台無しにしています。

息子・秀頼誕生で邪魔になった秀次を、側室、家来もろとも大粛清

一見、家督を譲ったかのように見えた秀吉ですが、その後、淀君は再び男の子を産みます。これが、のちの豊臣政権の二代目となる秀頼《ひでより》です。

秀吉は、また大喜びしますが、一方で「どうせ継がせるなら、この子に自分の跡を継がせたいな」と思うようになりました。室町時代の畠山持国と同じです。

だが、関白職はすでに秀次に譲ってしまっている。

そこで、秀吉は、秀次に「日本を五つに分けないか」という提案をします。そのうちの五分の四は秀次に支配させるけれども、残りの五分の一は生まれたばかりの自分の子どもにやってくれないかと相談したのです。

ここで秀次も素直に「はい、わかりました」と言えばよかったのですが、彼は秀吉の提案を「いやだ」と突っぱねます。

秀吉は「俺が後継者に指名してやらなかったら、お前なんかクズだ」とカンカンに怒り、ついには秀次に謀反の濡れ衣を着せ、高野山《こうやさん》に追放した上で切腹させました。

また、せっかくの秀吉のアドバイス（？）も聞き入れず、秀次には多くの側室がいました。

余談ですが、彼にとって一番正室に近い女性は、秀次よりも年上の一《いち》の台《だい》という貴族のお姫様でした。彼女は評判の美人だったのですが、一の台には結婚歴があり、女の子もいました。秀次は人として最低なことに、その女の子が成長すると、なんと彼女にまで手を出してしまったそうです。

このように秀次には貴族の娘やら、大名の娘やら、たくさんの側室がいたのですが、秀吉は秀次を自害させただけでは飽き足らず、彼女たちを連れ出し、京都の三条《さんじょう》河原で全員首を切ってしまいます。

また、秀次には、子どもたちもたくさんいたのですが、その子たちも皆殺しにしました。

なかでも一番の悲劇として語り継がれている人物は、駒姫という女性です。彼女は、出羽の山形周辺を領地にしていた、伊達政宗の伯父にあたる最上義光《もがみよしあき》という人物の娘でした。たいそう評判の美少女だったのですが、その噂を聞いた秀次は、「ぜひ私の側室に娘さんをください」と最上義光に頼みます。

義光は、駒姫を目に入れても痛くないほどかわいがっていたので、最初は嫌がっていたのですが、次の天下人である秀次の強い懇願には勝てず、やむなく駒姫を京都に送り出しました。

それでいざ、京都に駒姫が入ってみると、秀吉が秀次に自害を命じるという事態が起きていました。

この時点で、駒姫はまだ正式には秀次の側室になっていません。秀次と話したことすらなかった。しかし、このときの秀吉は狂気に近い状態に陥っていたので、まだ十五歳だった駒姫も刑場に引き立てられ、首を切られてしまったそうです。

処刑されたのは家族たちだけではなく、秀次の家来たちも、次々と切腹させられます。

こうした大粛清を行うことができたのは、やはり秀吉が専制君主であり、どうしても秀頼に次の天下を譲りたいと考えていたからでしょう。

「家」を重んじる日本と、「血」を重んじる中国

しかし、こうした処置は、世間からは反感を買いました。

それと同時に社会で浮上したのが、「本当に秀頼は秀吉の子どもなのか？　これまで一人も子どもが生まれなかったのに、そんなに都合よく生まれるものだろうか」という疑問です。

実際、秀吉が建てた聚楽第《じゅらくてい》の壁に「あの子は秀吉の子ではない」という落書きが書かれる事件が起こりました。秀吉は怒り狂って、その周辺の警備の責任者をはじめ、百人単位の家来たちを磔《はりつけ》の刑に処しました。

これだけの怒りを見せるということは、もしかしたら、秀吉自身も「俺の子ではないのかもしれない」と思う部分があったのかもしれません。先述した畠山持国といっしょですね。

でもここで、日本の特徴に注目しなければいけません。それは武家にあってはとくに、大切なのは「血のつながり」ではなく「家のつながり」だったということです。家が繁栄すれば実子にはこだわらない。養子でも構わないのです。対外的に「俺の子だ」ということにしてそれが広く認められれば、政治的にはそれで必要にして十分だったのです。

ここで他国の様子を見てみると、たとえば中国では、後継者に対して確実な「血」にこだわります。

なぜかというと、血筋というものが、皇帝の天命に関係するからです。

中国の皇帝とは、天の子どもである「天子」だとみなされています。天子とは、天の神様から「お前が中国を治めなさい。お前が民の父となり母となって、民たちを導きなさい」という命令、すなわち天命を受けた人間です。

日本の場合、「天」とは非常に漠然としたものです。たとえば、戦国時代に日本を訪れた宣教師たちは「日本には『御天道様《おてんとさま》』という考え方があり、それに従って生きている日本人はとても道徳的である。こんな道徳的な国民は見たことがない」と褒めています。

これは、どういうことかと言うと、「物を盗んだり、嘘《うそ》をついたりといった悪いことをすれば、必ず御天道様が見ている。だから悪いことをしてはいけない。御天道様に見られても恥ずかしくない行動をしよう」日本人はそうした規則をもっている、というのです。
また、御天道様を敬愛するけれども、特別な神や仏を信仰しているというわけではない。
これは道徳であって、信仰ではないので、その点からすると、キリストの教えを日本に持っていったら、きっと彼らは教えを喜んで受け入れるだろうと、宣教師のレポートは話をまとめています。

確かに、日本での御天道様には、特別な神格はありません。ところが中国の場合の天というのは全く違っています。どちらかというと、キリスト教の「天にまします父なる神」に似ており、神格を持ちます。

道教では「太上老君《たいじょうろうくん》」や「元始天尊《げんしてんそん》」という呼び方をしますが、この場合の天は、唯一無二の最高位の神様です。その神様が、「お前は皇帝になれ」と言うということは、中国の天子、すなわち皇帝とは父なる神様の使命を受けて、民を導くのです。みんなを導く神の子として存在したイエス・キリストに近い存在です。

問題なのは、天子であった皇帝の血統も、だんだん衰えて、徳を失っていくことです。
すると、天の神様は「もう、お前のところの血筋はダメだ」と天命を改め、「じゃあ、お前が次の世の中を作れ」と別の人に新たに天命を授ける。これが、いわゆる革命になるわけです。

そして、天の神様が命令を下した天子は、自分が受けた命令を、今度は子孫に伝えて行かなければいけない。

天命を子孫に伝えて行くときに、媒体となるのが血です。純粋に血がつながっていない場合は、天の神様の命令を受け継ぐことができません。

そうなると、天命を受け継いでいくためにも、皇位を守っていくためにも、絶対に途中で変な血が混じってはいけないのです。中国で、この思想の元に生まれたのが、後宮《こうきゅう》制度です。後宮に美女が集められ、皇帝の夜の生活が行われるわけですが、間違いがあってはいけないので、そこには絶対に男が立ち入ることはできません。それでも、男手自体は必要なので、男性としての機能を失った男たちが宦官《かんがん》となり、後宮で働くことを許されました。

後宮は日本の大奥に当たるわけですが、大奥には宦官はいません。

日本の場合、天の概念が漠然としていることもあり、そこまで男子禁制を強要する必要がなかったのです。

日本では昔から恋に対して抜群の文化的な価値を認めており、恋が文化の要《かなめ》です。だから、天皇の後宮ですら、他の男の出入りは結構頻繁に起こっていました。このような状況ですから、かりに秀頼が秀吉の子ではなくても、天下人である秀吉が「この子は俺の子である」と宣言すれば、その子は立派な豊臣「家」の後継者と認められる、ということです。

もしも秀頼が女の子なら、豊臣家は安泰だったかもしれない

では、もしも秀頼が男の子ではなく、女の子だったらどうだったのでしょうか。

おそらく秀吉も「ならば、うちの娘に誰か良い婿《むこ》を取ろう」とは考えたかもしれません。

ただ、ここでも問題になるのは、「血」と「家」の関係性です。

豊臣秀吉の血を一滴も受け継いでいない小早川秀秋が後継者候補の二番手だったことからもわかるように、当時、大事なのは血縁ではありません。あくまで大切なのは「家」です。豊臣家を受け継いでくれる存在であることで、秀吉のＤＮＡはあまり関係がありません。


仮に秀吉が、小早川秀秋のことを、「この子は俺の跡継ぎだ」といえば、その子はもう後継者になっていくわけです。

当時は、「跡継ぎは男の子であるべきで、女の子は不適格」という常識の方が、「血をつないでいく」という発想よりも、根強かった。だから、仮にその子が自分の血を受け継いでいるからといって、女の子の場合は、絶対的な後継者になれるわけではありませんでした。

そう考えると、もしも秀吉の子どもが女の子だったならば、彼は娘を跡継ぎにしようとは考えなかったでしょう。

もしかしたら、自分の娘を秀次の子どもと結婚させて、跡を継がせようとする程度の工夫はしたかもしれませんが、秀次に「自分の娘に領土の一部を分けろ」とは言わなかった可能性は非常に高い。また、秀次がその要求を断ったからといって、激怒して、本人はおろか、側室や家来まで皆殺しにしようとは思わなかったかもしれません。

ともかく秀吉の心中を考えてみると、待望の男の子が生まれたことで、我を忘れてしまったとしか言いようがない。

結局、秀吉が後継者であった秀次を自害させたことは、豊臣家が滅びる要因の一つになりました。仮に秀次が健在だったとしたら、後継者がいる以上、徳川家康も大っぴらに天下取りに動くのは難しかったはず。豊臣家が秀吉の死後も末長く残り続ける可能性もあったでしょう。

また、後継者が大量処刑というかたちでいなくなったことで、世の中の人が「最近の秀吉様はおかしいんじゃないか」と言い出し、豊臣家に対する疑念や悪感情につながりました。

秀吉は秀頼という男の子が生まれたことで、「豊臣家は安泰だ」と思ったことでしょう。しかし、皮肉なことではありますが、仮に秀吉の子が女の子であったならば、その方が、豊臣家は存続したのではないでしょうか。

D、関ヶ原の戦いのIF《もしも》

第12章　もしも、鳥居元忠《とりいもとただ》が、島津義弘《しまづよしひろ》に「かたじけない」と頭を下げていたら…

世の中を変えたい家康は、日本列島を巻き込む大きな「戦《いくさ》」を起こしたかった

一六〇〇年に起こった「関ヶ原《せきがはら》の合戦」。これは、日本を揺るがす大きな合戦でした。この戦《いくさ》は、天下人であった豊臣秀吉《とよとみひでよし》が亡くなった後、己が天下を取ろうとした徳川家康《とくがわいえやす》によって引き起こされました。

秀吉の死後、彼の息子である秀頼《ひでより》が豊臣政権を継ぎます。ところが、彼はまだ子どもだったので、秀吉の死後二年間ほどは、徳川家康をはじめとする五大老と、石田三成《いしだみつなり》をはじめとする五奉行という有力大名たちによる話し合いで、豊臣政権が運営されていました。

しかし、その間にも徳川家康は着々と天下取りに邁進しており、周囲の人たちは「明らかに徳川殿は天下を奪おうとしているな」と感じ取っていたようです。

家康は、「自分が豊臣政権に代わって天下を取るためには、世の中をガラッと変える必要がある。それには、日本列島を巻き込むような大きな戦をしなければならない」と考えていました。だからこそ、戦を起こすきっかけを作るため、一生懸命敵を探すわけです。最初に敵の候補になったのは、五大老の一人である前田利家《まえだとしいえ》です。前田利家は、豊臣秀吉の親友でした。それがどこまで本当の話かは分かりませんが、秀吉からすると、一番信用できる存在が利家だったと言われています。

力関係で見ても、生き残っていた武将たちの中で、前田利家は家康と互角とまではいかないものの、家康に意見できる唯一の存在でもありました。その利家が、一五九八年に亡くなった秀吉の後を追うように、一五九九年に亡くなります。残された息子の利長《としなが》が跡を継いだ後、徳川家康は「あいつこそ敵だ。前田家に謀反の動きあり」と言い立てます。ところが、このとき前田利長は賢かった。

謀反の疑いをかけられた途端、利長はすぐさま「私は徳川家に反逆なんかしません」と土下座《どげざ》外交を展開しました。これは、後から考えると、すごく正しい判断だったと思います。

さらに、利長は、謀反をしていない証明として、利家の妻であり、自分の母親であるお松を、人質として江戸に預けます。お松の例は、江戸への人質、第一号だと言われています。自分の母親を人質に出すということは、「前田家は徳川家の家来でございます」と言っているのと同義です。そこまで土下座外交をされたら、さすがの家康も「前田家の謀反の疑いは晴れた」と言わざるを得ませんでした。

家康の無茶ぶりに「はい、喜んで！」と応じた諸大名

そこで、家康は次なる敵はいないかと探し、五大老の一人である上杉景勝《うえすぎかげかつ》に目を付けます。「上杉が会津に帰って、何か怪しいことをやっている！」といちゃもんを付けるのです。上杉にしてみれば、元々は現在の新潟県である越後《えちご》に本拠地があった。しかし、つい先ごろ会津《あいづ》へと領地を移されたわけです。

本当だったら越後にいたかったものの、新しい領地として会津に飛ばされたので、会津を上杉の土地として整備したかった。だから、会津に帰って一生懸命整備を進めていたわけです。ところが、その行為を家康は「謀反の準備だ」と言い立て、「言いたいことがあったら大坂へ出て来い。疑いを晴らしたかったらすぐに来い！」と無茶な事を言い出した

わけです。

前田利長は、その無茶に対して、すぐに土下座外交を展開したわけですが、プライドが邪魔したのか、上杉景勝にはそれができなかった。「上杉家は謙信《けんしん》以来の武勇の家である。私たちは謀反なんて考えていないし、すぐに上洛なんてできない。家康殿こそ、人のことを勝手に謀反人だと言い立てるとんでもない奴だ」と反論してしまった。

これはまさに家康の思惑通り。その言葉に対して「上杉の謀反は明らかだ。上杉を討つ。俺と一緒に会津へ向かおう」と、豊臣諸大名に声をかけます。その中で家康派に属していた人たちは、次々に「はい、行きます！」と手を挙げ、家康とともに会津に向かいます。もちろん、全員が家康にすぐに賛同したわけではありません。なかには、「どうしようかな、家康についていったほうがいいのかな……。でも、会津征伐と言っているけれども、これって明らかに家康の無茶ぶりだよなあ」と悩んで、モタモタしていた人たちも大勢いました。

おそらくこのとき、上杉が謀反なんて企んでいないということを、多くの人はわかっていたのだと思います。そんな家康の無茶ぶりに対して「はい、喜んで！」とすぐに手を挙げるということは、「自分たちは家康の家来でいい」という意志表明でもある。だからこそ、躊躇《ちゅうちょ》する人もいたでしょう。

その後、家康は「徳川殿に従う」との態度を明らかにした人たちを連れて、会津へと向かいました。

会津《あいづ》へ行くか、畿内へ戻るかを決めた「小山評定《おやまひょうじょう》」

家康は、自分が会津へ向かい、大坂を留守にすることで、会津討伐に応じなかった反家康派の連中たちが、「家康を討て！」と言い出すことを予想していたのでしょう。

家康の読み通り、反家康派の急先鋒だった石田三成が立ち上がります。

このとき、家康は三成が挙兵したことを聞き、「会津へ行くべきか。畿内へ戻るべきか」を決めるべく、「小山評定《おやまひょうじょう》」というものを行ったと言われています。

家康は、栃木県の小山で、会津まで一緒に兵を進めるはずの他の大名たちに「もしみんなの中で、石田三成と一緒に戦いたいという人がいれば、どうぞこの場を去って下さい」と言った。しかし、誰一人その場を去らず、「家康様と共に戦います」と約束するわけです。

この小山評定が実際にあったのか、なかったのかについて、真剣に議論している人がいますが、これは正直どうでもいい。小山であろうが無かろうが、どこかの場所で家康が引き返したことには違いありません。重要なのは、引き返した時、豊臣大名という立場では徳川家康と同僚である人たちが、「家康殿と一緒に石田三成と戦います」との意思を示したという事実です。「家康の指揮の下に戦います」と表明したということは、つまり「家康の家来になります」と言っているのに等しい。

繰り返しますが、家康と一緒に大坂を出発した大名たちは、「この件は、どう見ても無茶ぶりで、上杉さんは無実だよな」と、わかっている。でも、「家康様が言うのだから、ついていきます」と明言した。だから小山で、今さら石田三成の動きを知ったとしても、その味方になろうという人がいなかったのは当然でしょう。

地政学的に戦をするのに都合がよかった関ヶ原

そこで、家康は栃木県から大坂へと兵を率いて引き返し、石田三成らと対峙し、関ヶ原の戦いが展開されました。この時に大事なのが、三成が何をしたかったのか、です。

もともと家康には会津の方へ進軍した後、畿内へ引き返して大坂城を落としたいという腹積もりがありました。

大坂城には、豊臣秀頼《とよとみひでより》がいる。豊臣政権の息の根を止めるには、大坂城を落とし、秀頼をいつでも殺せる姿勢を見せる必要がある。そして、彼を天下人の座から引きずり下ろし、自分が天下人に成り代わる、という狙いがあったのです。それがわかっているからこそ、三成は、家康を京都や大阪といった畿内、すなわち都のそばに近寄らせたくありませんでした。それを効果的にできるなら、迎え撃つ場所はどこでも良かった。

家康は江戸を本拠としていたので、とりあえずは彼を関東の田舎に追い返せばいい。そこで、三成が戦場に設定したのは関ヶ原だったのです。

関ヶ原という場所は、昔から地政学的に近畿地方を守る側にとっては、戦争をするのにちょうどよい場所です。室町幕府軍も、北畠顕家《きたばたけあきいえ》が京都に攻め登ろうとした時、やはり関ヶ原（青野原）で迎え撃っています。

また、古代に設けられた三つの関所「三関《さんかん》」のうち、東山道《とうさんどう》に対応する不破《ふわ》の関所が置かれていたのが関ヶ原のすぐ近くです。この道は、京都から関東に通じる道ですが、ほかは山に遮《さえぎ》られているので、京都と関東を行き来する際は、どうしてもこの土地を通らないといけません。すると、怪しい者がいたら止めることができるわけで、関所としてうまく機能していました。

ほかから攻め入るルートがない場所だからこそ、守るのに都合が良い。だから、関ヶ原が戦場になったわけです。

家康を畿内に入れないという方針を固めたのと同時に、三成は、なんとか近畿地方全体を自分の味方にできないかを画策します。家康よりも早く近畿地方を占領することで、西日本も含めて、徳川方の城や徳川方についた城を全部攻め落とそうと考えたのです。

さらにこのタイミングでは、家康に批判的な大名たちは、会津へ行くことはせず、ぐずぐずと大坂付近に駐屯していたので、彼らを取り込んで、反家康勢でまとまった軍を作れば勝てるというのが三成の狙いでした。

そして「家康はひどいなあ。上杉は悪くないのになあ」と思って進退を決めかねている武将も含み込んで、家康と戦う決断をした人たちを中心に、西軍が作り上げられます。

軍勢四万人が包囲した伏見《ふしみ》城死守を試みた鳥居元忠

石田三成が大坂の周辺を制圧しようとした際、一つのポイントとなったのは、家康の拠点の一つであった伏見城《ふしみ》です。

豊臣政権は三つの拠点を持っていたと先に述べました。そのうちの一つは大坂、一つは京都、そしてもう一つは伏見でした。この三都市を水運でつなぎ、豊臣政権の都として機能的に使うというのが秀吉の考え方でした。

このあたりが秀吉の優秀なところなのですが、一都市に限らず、大坂、京都、伏見の三つを立体的に使って、都の機能を担わせていたようです。

秀吉が亡くなった時、息子の秀頼は大坂城にいました。そこで先に名前の挙がった前田利家が、お守役として大坂に入ります。利家が亡くなった後、家康は大坂にも自分の拠点を作ります。一時は、大坂城の本丸に秀頼がいて、大坂城の西の丸に徳川の天守閣を作った家康が並び立つという事態になりました。ただし家康にとっての一番の拠点は、何と言っても伏見城でした。家康が会津征伐に行った留守に、三成たちに最初に攻撃されるのが伏見城だということは、誰が見ても明らかです。

そこで家康は、幼少期、今川《いまがわ》家に人質にとられていた時代から苦楽をともにした家臣、鳥居元忠《とりいもとただ》を、伏見城の守りとして置き、こう伝えます。

「俺が会津へ行ったら、誰かしら豊臣政権の人間が、俺を討とうとして兵を挙げるだろう。

恐らくその人物は石田三成だと思うけれども、そのときには、伏見城が一番に狙われるだろう。自分はその後、三成の軍と戦わないといけないから、伏見城には、たくさんの兵を置くことはできない。おそらく、攻撃を受けて城は落ちるだろう。城の留守番をする以上、お前は死ぬことになるけれども、覚悟をしておいてくれ」

それを聞いた鳥居元忠は、「承知しました。自分は一日でも長く頑張って、家康様がこちらに向かってくるまでの時間稼ぎをします」と答えたそうです。

なぜ、鳥居元忠が時間稼ぎをする必要があったのか。

石田三成たちは、近畿地方を早々に制圧して、その後、大坂へと戻って来る徳川家康と戦わないといけません。家康と十二分に戦える兵力を集めるためには、時間が必要です。より広い地域を制圧すれば、その地域からより多くの兵隊を集めることができるので、三成は伏見城攻略に時間を使いたくなかった。

それがわかっていた鳥居元忠は「一生懸命時間を稼いで戦って死にますから、心配しないで行って来てください」と語り、家康と二人で酒を酌み交わしたそうです。

元忠は最初から討ち死にを覚悟していたわけですが、家康が会津へと向かっていったら、案の定、三成は「徳川家康こそが大悪人である。豊臣家のために討たなくてはいけない」

と宣言して、味方を募り、兵を集めました。

そして、やはり、最初の標的として、伏見城を取り囲みます。

そのときの軍勢は四万人。これだけの大軍で取り囲めば、名城・伏見城といえども落城必至。鳥居元忠は討ち死に間違いなしという状況になりました。

戦い上手で評判だった薩摩《さつま》の大名・島津《しまづ》家

ここでいよいよ、本章の主要人物である島津義弘《しまづよしひろ》（一五三五―一六一九年）の登場です。

彼は、薩摩《さつま》の島津家の人で、戦上手で有名でした。

かつて豊臣秀吉は、九州を平定するため島津と戦いましたが、そのとき、島津は秀吉の大軍相手にかなり善戦します。結局は降伏に至りましたが、島津は家の取り潰しを免れ、現在の鹿児島県と宮崎県のあたりを領地として与えられました。

その後、島津は一生懸命、豊臣政権に仕える大名として、秀吉の命令に従います。特に朝鮮出兵にも従軍し、朝鮮で大暴れしたことで有名です。

その当時の島津の一番のボスは、島津義久《しまづよしひさ》（一五三三―一六一一年）でしたが、この大ボスは秀吉に降伏するときに、一応隠居するという形を取ります。

そして、島津義久のすぐ下の弟である義弘が、島津の当主の代理となり、島津軍のリーダーとして働いていました。昔は、このときに義弘が島津家の当主を継いだと言われていたのですが、最近は「義弘はあくまで代理であった」というふうに受け取られているようです。兄の島津義久には、女の子はいたものの、男の子がいなかった。薩摩藩の初代藩主になったのは、義弘の息子である家久《いえひさ》です。彼が義久の養子になり、その娘と結婚して、跡を継ぎました。

さて、関ケ原の合戦の際、島津義弘はどうしていたのかというと、家康についていくかどうかを決めかね、近畿地方をウロウロしていました。そのとき、彼が連れていた兵隊の数は、たった千五百人くらいだったそうです。なぜ、兵数について「たった」と僕が表現するかというと、島津家は領地の石高で言うと五十万石ぐらいはあったはずだからです。

当時は、だいたい四十万石で一万人の軍勢を編成できるといわれていたので、島津家は本来ならば、一万人は動員できたはずです。実際、朝鮮半島で大暴れした時、島津は一万人ぐらいの軍隊を朝鮮に送っていました。

秀吉のヘッドハンティングから生まれた謀反

なぜ、島津義弘は、関ヶ原の時に兵士をたった千五百人ほどしか連れて行かなかったのか。それにはある事情がありました。実はこのとき、都城《みやこのじょう》という場所で伊集院《いじゅういん》という島津の重臣が謀反を起こしていたのです。この謀反の原因は、秀吉にあります。

秀吉には、昔から有力な大名の家の重臣を、豊臣家の直接の家臣として登用するという癖がありました。一番有名なのは、徳川家康に仕え、徳川家のナンバー3であった石川数正《いしかわかずまさ》という人物をヘッドハンティングしたという事例です。そのほかにも、上杉景勝は、自分の右腕だった直江兼続《なおえかねつぐ》を、秀吉に奪われそうになったことがあります。

秀吉は、大変な人たらしだったため、よそに優秀な家臣がいると、どうしても欲しくなる。他家の家臣でも、「俺の所に来い」とたらしこんでは、次々と自分の家来にしたと言われています。これは、純粋に優秀な人材を集めたかったのと同時に、他家の優秀な家臣を引っ張ることで、その大名の力を削ぐという効果も狙ったのでしょう。

たとえば、徳川家康の事例。家康の右腕と言われた重臣が酒井忠次《さかいただつぐ》で、左腕と言われたのが先述の石川数正です。彼を自分の部下として登用すれば、それだけ家康の力を削ぐことになる。それから、軍事も政治も人事も。徳川家内部の事情が筒抜けになる。それを冷酷に計算していたという方が、正しいのかなという気がします。

島津家も同じように、一番の重臣であった伊集院幸侃《いじゅういんこうかん》という人物が、秀吉からヘッドハンティングされてしまいました。さらに秀吉は、「これは、伊集院の領地である」と彼に都城の地を与えてしまった。

豊臣秀吉の家来として領地を与えられたからには、大名として島津家と同格ということになる。今までは家来として頭を下げていた人間が、自分と同じ立場になってしまった。これは、島津家としては非常に面白くないわけです。

秀吉が生きている間は、彼のお気に入りである伊集院に手を出せば、豊臣政権に対する謀反となってしまう。でも秀吉が亡くなると、伊集院はたちまち後ろ盾を失います。さすが武闘派の島津なだけあって、島津義弘の息子である島津家久《いえひさ》自らが伊集院幸侃を斬り殺すという事件が起きました。

すると、殺害された幸侃の息子である忠真《ただざね》が、一門を集めて、都城で大規模な反乱を起こしました。

このとき、伊集院が持っていた都城の領地は四万石、あるいは七万石と言われています。

領地自体はそこまで大きくはないものの、伊集院は戦上手で、なかなか手ごわく、島津も手を焼きました。

そこに、徳川家康が「両方とも兵を収めたらどうだ」と仲裁に入ったことで、忠真も島津も、とりあえずは徳川家康の顔を立て、戦いを終わらせました（これは後日譚《ごじつたん》ではありますが、やはり島津の中での「伊集院、憎し！」の気持ちは収まらず、結局は、伊集院忠真をはじめ、伊集院家一族全員が、皆殺しの目に遭いました）。

そんな風に反乱が起きていた直後だったため、中央に大軍を送れば、伊集院がどう動くか分からず、鹿児島が落されてしまう可能性もあった。だから、島津は軍勢を送り出すことができなかったのです。そんななか、かろうじて関ヶ原に参加できたのが、千五百人の兵だったのでした。

鹿児島命の兄・島津義久と、大坂情勢にも詳しかった弟・義弘

このとき、島津義弘がどういう心づもりだったのか、よくわかりません。石田三成とどういう関わりを持っていたのか、すなわち仲が悪かったのか、仲が良かったのか程度のこ

とも、よくわかっていないからです。

島津家の一番のボス、義久は、とにかく地元にこだわる人でした。「大坂で豊臣がどんなことを考えているのか」「他の土地で大名たちがどんなことをしているのか」といったことは、彼にとってどうでも良い。とにかく鹿児島だけを大事にする、鹿児島ファーストな人物だったのです。

だから、豊臣家がどうあれ、「よそはよそ、うちはうち」と切り分けて、ほとんど関心を抱きませんでした。

でも、弟の義弘は、兄の義久とは違いました。

義弘は義久に代わって大坂に出向き、豊臣政権と懸命に交渉する立場の人だったので、肌身で、「いかに豊臣政権の力が大きいか」「大坂はどんなに繁栄しているか」を実感している。

だから、彼は鹿児島にいる兄に向かって、「兄さん、ダメだよ。『鹿児島バンザイ！』だけでは時代に取り残されてしまう。豊臣の力は巨大だから、彼らの言う事を聞かないとダメだ」と再三に渡って伝えているのですが、兄貴の義久にはなかなか理解してもらえない。

この件に関する整理を行ったのが、二〇二〇年三月に亡くなった東京大学史料編纂所教授の山本博文《やまもとひろふみ》先生です。

山本先生の分析によると、弟の義弘も鹿児島は大好きだった。でも、大坂の政権と付き合う重要性がよくわかっていたので、「ある程度は豊臣家の言う事も聞かないわけにはいかない」という立場を取っていた。

一方、兄の義久は、なるべく豊臣の影響は受けたくない。そんな風に両者の間に立場の違いがあったのではないかと山本先生は検証しており、僕自身はこの解釈が一番納得できます。

島津家の太閤検地を石田三成《いしだみつなり》が手伝っていた

では、当時の島津と石田三成には、どんな関わりがあったのでしょうか。

三成は、豊臣秀吉の懐刀《ふところがたな》であり、一番忠実な部下だったと考えられています。秀吉が実施した太閤検地の実働部隊となったのも、三成をはじめとする豊臣政権の奉行たちです。

太閤検地では、各大名は自分の領地を検地し、豊臣政権に中身を報告する義務があった。検地とは、自分の家の財産を周囲に対して公開するようなもの。そんなことをやりたい大名は一人もいません。だけど、やらないと豊臣政権から謀反の疑いをかけられるので、誰もが検地をして、「うちの土地の広さはこのくらいで、このくらいお米が収穫できます」と報告しなければなりませんでした。

なかには、いきなり「検地をやれ」と言われても、そのやり方がわからない人もいます。その場合は、奉行たちが、各大名家にやり方を教えていました。

そうすると、指導してくれる石田三成らに感謝する大名がいる一方で、「俺の土地で勝手に何してやがるんだ！　とんでもないやつだ！」と、反感を抱く大名もいたようです。

ちなみに、島津家の検地のためには、石田家の家臣が鹿児島に派遣されていました。彼は島津家に、検地のやり方を手取り足取り教えます。でも普通は、こういう人物は、現地の人たちを見下しもしたでしょうね。

こうした石田三成に対して、島津がどんな感情を抱いていたのでしょう。これは人によって意見が分かれるところです。

最初は、家康に味方しようと考えていた島津義弘

さて、島津義弘の石田三成への思いはわかりませんが、とにかく戦いに参加するために、千五百の軍勢を率いて上方をうろうろしていたのは間違いありません。

そこで彼は、ひとまず「家康に味方しよう！」と決断します。

都城で起こった伊集院の反乱も、家康の仲介によって抑えることができたので、その恩を返さなければと思ったのかもしれません。

実際、この時期の家康は、関ケ原の合戦を見越していたのか、いろんな大名たちに恩を売っており、その流れで、家康に味方した大名たちもいたはずです。島津もその例にもれず、徳川家康には感謝していた可能性が高い。

とはいえ、関ヶ原の戦いは、東軍九万、西軍十万人の兵士がいたと言われていて、島津が連れてきた千五百人程度の軍勢では、大きな役割を果たすことはできません。

「この人数で何をすると効果的か」と考えたのか、義弘は家康の本拠地である伏見城への籠城を決めます。

伏見城は落城必至の城です。どんなに強い島津であっても、家来ともども死ぬことはわ

かっていたはずです。それでも、命を捨てて、伏見城で戦うことを選びました。

ところが、死を覚悟して、伏見城に入ろうとしたところ、城の留守役を任されていた鳥居元忠から「入らないでください！」と拒絶されます。

せっかくの味方をなぜ鳥居元忠が断わったかというと、元忠は家康から島津が味方するとは聞いていなかった。島津兵を城に入れたら何をするかわからない。そこで島津に対して「あなたを味方として信用することはできない。だから、伏見城には入らないでほしい」と断ったのです。

このため島津義弘は「徳川に付くことはできないんだな」と諦め、態度を一変。石田三成側に付き、伏見城を攻撃します。

その後、鳥居元忠は多少の時間は稼いだものの、結局は討ち取られ、伏見城は落城します。伏見城を落とした石田三成たちは、近畿地方をどんどん平定し、関ヶ原へと勢力を押し出していき、徳川家康と戦うこととなりました。

関ヶ原で見せた「島津の退《の》き口《ぐち》」

島津義弘は西軍の一員として関ヶ原の戦いに参加しました。

ところが、どういうわけか、まったく兵を動かしませんでした。

良質な資料が残っていないので真相は分からないのですが、一説によると、種々の作戦を提案したものの、石田三成がその作戦をまったく取り上げなかったためだと言われています。三成の態度に腹を立て、戦いのときに動かなかった。

石田三成からは、「おい、何をやってるんだ！　敵と戦え！」という命令が飛んでくるものの、「いや、俺たちには俺たちの判断があるから」と、その命令を無視したようです。

そのあと、西軍が壊滅し、家康率いる東軍が勝利する。

そのときになって、初めて島津勢は「よし、戦いに敗れたから、国へと帰ろう」と動き出します。とはいえ、敵に背中を見せて退却するのでは、恥になる。

そこで、島津義弘は驚くべき、前代未聞の退却法を選択します。なんと、徳川勢の本陣に突撃を仕掛け、徳川勢を割るようにして自分たちの退却の道を切り開いていったのです。

これが、かの有名な「島津の退《の》き口《ぐち》」です。

大勢の軍勢に対して突撃をするのだから、兵力を削り取られていくことは間違いなく、この命知らずな戦い方によって島津兵のほとんどは戦死しました。

少数の兵士たちは、なんとか徳川側の兵を突破し、戦場を離脱したものの、さらに恐ろしいのが、金品目当てに襲ってくる農民たちです。

島津勢は関ヶ原から大坂に出て、大坂から船で鹿児島へと帰るのですが、大坂に行くまでの間に農民たちとも戦わなければならず、ここでも犠牲者がでました。こうして、わずかな生き残りを従えて、島津義弘は九州へと帰っていきました。

「関ヶ原の戦い」と「大坂の陣」の功績が、後の世に影響を与える結果に

関ヶ原の戦いが終わった後、天下を取った徳川家から、戦いで功績を残した大名たちに、様々な褒美が渡されました。

では、伏見城で戦死した鳥居元忠が、この後、徳川家でどう扱われたのでしょうか？

徳川家が天下を取った晴れ舞台となる戦いで、討ち死に覚悟で戦った鳥居元忠は、非常に高い評価を得ました。その結果、元忠の息子にあたる忠政《ただまさ》は、山形周辺に二十万石とい

う大きな領地を手に入れています。

徳川家臣団の譜代《ふだい》大名の中で、同じように二十万石ももらっている家はほぼありません。たいていは十万石、多くても十五万石程度なので、この鳥居家に対する二十万石という領地は、彦根《ひこね》の井伊《いい》家の三十五万石に次いで、大きなものです。

もしも、鳥居家がそのまま領地を維持できていれば、井伊家と鳥居家は徳川将軍家の二本柱になっていたでしょう。

ただ、何代も家を保ち続ける努力は、並大抵のことではありません。鳥居の家では、いろいろ不運が重なり、殿様自身の不的確な判断なども続き、何度も家自体が取り潰されそうな事態を招きます。

他の家だったら間違いなく改易になってもおかしくない状況だったところ、「いや、あのとき元忠殿が伏見城で頑張ってくれたから、今の徳川の世があるんだから」と、何とか取り潰しを免れます。最終的には、領地は失ってしまいますが、かろうじて家名だけは残され、旗本として生き延びていきます。

そう考えると、伏見城で見せた忠誠心が、後々にまで大きな影響を与えていたことは、間違いありません。

また、関ヶ原の後に起こった「大坂の陣」でも、命がけで活躍した武士たちは高く評価されました。

大坂の陣とは、関ヶ原の十数年後、豊臣家を倒すために徳川家が仕掛けた戦のこと。一六一四年に行われた「大坂冬の陣」と、一六一五年に行われた「大坂夏の陣」。二度にわたって戦が繰り広げられました。

大坂夏の陣で功績を上げたのが、小笠原秀政《おがさわらひでまさ》という人物です。この人は、真田幸村《さなだゆきむら》たちが徳川家に攻撃を仕掛けた際に戦死したのですが、この小笠原家も、「先祖が徳川家のために働いて討ち死にした」として、その後、いろいろな形で厚遇を受けることになります。

関ヶ原以降、痛い目に遭った島津と毛利

では、関ヶ原の際、西軍についた島津家はどうなったでしょうか。

島津家が取り潰しに遭う可能性は充分にありました。しかし、日本列島の南の端にある島津の領地が地政学的に味方したのか、徳川家康は島津を潰しませんでした。本領も安堵し、現在の鹿児島県と宮崎県をそのまま与えてくれたのです。

後に、島津家が検地で徳川幕府に申告した数字によれば、その領地は七十七万石でした。これは、前田に次ぐ日本で二番目に大きな大名です。

もっとも、鹿児島はシラス台地で米が取れないので、相当に貧乏な土地でした。そこまで魅力的な土地ではなかったからこそ、徳川家康は、わざわざ遠方に行ってまで島津を取り潰す必要性を感じなかったのかもしれません。

その頃、まだまだ世の中は平和になっていないこともあったので、家康は余計な火種を作らぬためにも島津家を許し、本領を安堵したのでしょう。

ただ、命からがら鹿児島に帰ってきた島津義弘の件を、島津家の人々は忘れることなく、「憎き徳川家！」という信念が受け継がれていきます。「チェスト関ヶ原」、すなわち「関ヶ原を忘れるな」を合言葉に、島津家はずっと徳川家に一泡吹かせてやろうと思いながら、江戸時代を過ごしてきたのです。

幕末期には、「関ヶ原の恨みを果たせ！　徳川家に一泡吹かせてやる！」と、その信念に火が付き、長州藩《ちょうしゅう》と薩長同盟《さっちょう》を結び、倒幕へと動きを進めていきます。

なお、このとき薩摩と手を組んだ長州藩の毛利《もうり》家も、関ヶ原で徳川家に痛い目にあわされた人々です。

一方でこの関ヶ原や明治維新での動きで、島津家、毛利家と対照的なのが、前田家です。徳川家に土下座外交を展開した前田家は、関ヶ原の後で本領の安堵どころか、加増をうけました。保有する領地を合算すれば、百二十万石ぐらいになったはずです。

前田家は、徳川家と仲良くつきあい、大名としては常に優等生な対応で切り抜けていったので、現状に対する痛烈な批判精神を持たずに江戸時代を過ごします。

彼らとしては、正直、徳川を恨んでいるわけではないし、豊かで大きな藩なので、「徳川を潰せ」などとはなかなか言わない。そのため、幕末や明治維新の動きの中では、前田家の加賀《かが》藩は何かと後手に回り、行動の遅れにつながっていきます。まさに、金持ち喧嘩《けんか》せずです。

このあたりが、関ヶ原の戦いを苦い経験として藩まるごとで共有し、「憎き徳川め」という強い思いを持ちながら、江戸時代を過ごした毛利や島津と前田の大きな差でしょう。こうした毛利や島津の関ヶ原での遺恨は、二百六十年以上の長きに渡り受け継がれ、徳川幕府を倒し、明治維新へと導く力になったのかもしれません。

島津義弘が伏見城で討ち死にしていたら、明治の歴史は変わっていた？

さて、ここで私たちは、歴史のＩＦ（もしも）に立ち返りたいと思います。

こうした歴史があるなかで、もしも島津義弘が伏見城へ向かった際に、鳥居元忠が気持ちよく「そうですか、あなたは一緒に戦って下さるんですか。頑張りましょう」と言って手を差し伸べていたならば、どうだったでしょうか。

勝敗については、近畿にいた西軍の方が、圧倒的に人数が多いので、いくら島津が強くても勝敗は変わりません。さすがの義弘も、城を枕に討ち死にすることになっていたはずです。

それから島津が全滅したにせよ、徳川家康率いる東軍が石田三成の西軍を打ち破ったでしょう。全体的な関ヶ原の戦いの図式は変わらないと思われます。

問題は、その後に家康からもらえたかもしれない褒賞です。

島津義弘が伏見城に立てこもって、命を捨てたならば、徳川家のために戦ってくれたわけですから、家康はその恩に報いる必要がありました。となると、百万石も夢ではなかったということになります。

島津家は関ヶ原以降、徳川家に対する恨みを持ち続けたとお伝えしましたが、それにはほかの大名よりも貧乏な土地にいて、辛酸をなめてきたことも大きく影響しています。

仮に、関ヶ原の功績で、鹿児島に加えて豊かな土地をもらっていたとしたら、島津は徳川に感謝したでしょう。そうすれば、徳川の仮想敵ではなくなり、明治維新のために薩摩藩が立ち上がることはなかったかもしれません。

もちろん、仮に薩摩藩が立ち上がっていなくても、幕藩体制と呼ばれる政治システムでは、欧米列強を相手に戦うことができません。世界と競争するために、徳川の幕藩体制が終了するという歴史は変わらなかったでしょう。

ただ、もしも島津が伏見城に入っていたならば、薩長同盟の主導はなく、明治維新後の、薩摩による藩閥政治もなかったかもしれない。鹿児島の人間が政治家としても軍人としても出世できる風土は作られなかった可能性もあるのです。そうすると、明治の歴史が少なからず変わっていたでしょう。

第13章　もしも、上杉軍が退却していく徳川軍の背中を襲ったら…

自分が動けば、上杉家が立ち上がると信じていた石田三成

関ヶ原の戦いにおいて、僕にとって長年の疑問が、「会津討伐から小山で引き返した徳川家を、会津にいる上杉家が背中から襲ったらどうなっていたのだろう……」というものです。

当時の上杉は、百二十万石という領地を持っていたものの、与えられたばかりの土地でまだ勝手がわからなかったため、たくさんの兵隊を徴兵することができなかった可能性はあります。でも、四十万石で一万人の兵隊を養えるという説から考えれば、百二十万石の領地を持つ上杉家には、少なくとも二万人くらいの軍隊は作れたはずです。歴戦の徳川軍であっても、二万人の軍隊に背中から襲い掛かられていたならば、無傷ではいられなかっ

たでしょう。

関ヶ原の合戦の前に、石田三成が真田《さなだ》家に伝えた文書が残っています。真田家は、当主の真田昌幸《まさゆき》と次男坊の幸村《ゆきむら》は、西軍に味方して浪人しますが、長男の信《のぶ》幸《ゆき》（信之）は、東軍の家康に味方をしたので、十万石の大名として生き残りました。文書はその信幸の家にこっそりと伝わりました。

さて、三成は、文書の中で何を書いているかというと、「徳川家康は途中で我々が立ち上がったことを聞いて上方に戻ろうとするはずだ。そこに、常陸《ひたち》の佐竹《さたけ》家と、東北の伊達家、会津の上杉家が襲い掛かるだろう。これがあれば、家康はなかなか近畿地方へ帰ってくることはできない。そうなれば、俺たちの勝利は間違いない」という言い方をしています。

もっとも、三成は真田に味方してくれとお願いする立場なので、この文書で書かれている情報は、相当に西軍に有利になるよう盛って書かれているのは間違いありません。おそらく、「伊達政宗が味方する」なども、ほとんど確信はなかったでしょう。

でも、三成は、「自分が立ち上がれば、少なくとも上杉家は味方となり、後ろから家康を襲ってくれるだろう」と思っていたはずです。

もともと、徳川家康が敵として、前田家の次に、上杉家に目を付けた事情は、先にもご紹介した通りです。すぐさま土下座外交した前田家とは違い、上杉家は「来るなら来い」と開き直った。そこで、家康は会津征伐に動き始めます。

つまり、家康によって、もっとも敵として認定されたのは上杉家だった。仮に家康が天下を取ってしまえば、上杉家の命運は風前の灯だったはずです。

だからこそ、三成は、徳川という共通の敵を討つために、上杉が死にもの狂いで働いてくれるという想いがあった。上杉が徳川家康を襲ってくれれば、上杉の兵を撥《は》ね退《の》けるには相当な犠牲が出るはずなので、家康が簡単に上方に行くことはできないという読みがあったのでしょう。

家康の背中ではなく、なぜか北へと兵を進めた上杉

ところが、石田三成が兵を動かしても、上杉は徳川の背中を襲いませんでした。それどころか、何を思ったのか、上杉は正反対の北へ向けて軍勢を派遣したのです。

これはどう考えても悪手だったと、僕は思います。

人によっては、「先を見越して、少しでも自分の領地を広げることで、徳川家との戦い

に備えたのだ」という人もいますが、これはナンセンスです。仮に北へと兵を進めることで、上杉の領地が倍に増えたとしても、徳川家が天下人になって、日本列島全体の兵を率いて上杉討伐に乗り出したら、潰れることは確実です。

北へ向かって動いた上杉家が何をしたかというと、出羽山形を攻め落とそうとしたのです。山形には、先述した駒姫の実家、最上《もがみ》家がいましたが、その領地を自分のものにしようと。上杉の軍勢が押し寄せてくることを知った最上は、山形城の手前にあった長谷堂《はせどう》城という城に千人ほどの兵を置き、籠城をします。

このとき、上杉は二万人の兵を動員したと言われているので、長谷堂城にいる千人の兵に対して二千人ほどの兵を派遣しても、まだ余裕はありました。だから、ここを攻め落とさず、本丸の山形城を攻めに行くという手もあったと思います。

ところが、上杉は、長谷堂城を落としにかかります。

多分、「自分たちほどの大軍なら長谷堂城ぐらいの城は簡単に落とせる」と考えていたのでしょう。通常、城攻めには、相手の兵の三倍の兵を用意しろと言われますが、千人の兵が立てこもる城ならば、上杉が三千人から五千人の兵を用意していたら、簡単に落ちたはずです。

ところが、この城がなかなか落ちない。長谷堂城が難攻不落の名城ならまだ話は分かりますが、お城の専門家に言わせると、すごく単純な造りの城だそうで、落城に追い込むのは容易なはずなのだそうです。そんな簡単な城なのに、上杉にはそれが落とせない。

このときの上杉の指揮官は、上杉景勝の右腕と呼ばれた直江兼続《なおえかねつぐ》なのですが、この人は相当に戦が下手だったのかなと僕は思います。

余談ですが、直江兼続は、直江山城《なおえやましろ》とも呼ばれ、「パチンコ　花の慶次」に、必ず出てくる人なので、ある一定層のパチンコファンには有名な人です。

さて、そんな直江による指揮で、城を落とそうとしていたら、気が付いてみたら、関ヶ原の合戦が終わってしまった。本丸の山形城を攻めるどころか、山形城の一歩前にある長谷堂城攻めで手間取り、結局何もしないまま、上杉は会津へと帰ります。

徳川が天下を取った後、上杉家はどうなったかというと、家の取り潰しは免れたものの、百二十万石あった領地を四分の一、すなわち三十万石まで減らされるという、大変酷い目に遭います。領地自体も、会津から米沢《よねざわ》へと移されます。

領地が減ったということは、会社でいえば収益が減ったようなもの。本来ならば、社員のリストラが必要です。ところが、このとき、またもや直江兼続が、何を思ったのか、家臣のリストラを全然やらなかった。これまで召し抱えていた家臣を、みんな会津から米沢へ連れて行くわけです。

今でこそ、このエピソードに対して、「直江兼続はよくやった。彼は政治家としては一流だ」という声が聞かれるのですが、彼がリストラをしなかったせいで、上杉家は大変に貧乏になり、以来、米沢藩は、天下に名高い貧乏藩になってしまいました。

後に、この財政を立て直すために、上杉鷹山《うえすぎようざん》が頑張らざるを得なかったのですが、それはまた後日の話です。

もしも上杉が家康を襲っていたら、江戸幕府は生まれていない？

関ヶ原の合戦の前後、上杉が何をしたかったのかはまったくの不明です。ただ、正直、その動きだけを見ると、当時の上杉が明快なビジョンを持っていなかったこと。それこそが敗因ではと思わざるをえません。もし、このとき、上杉が徳川家康の背中を果敢に攻めかけていれば、徳川もそう簡単には関ヶ原の方には行けなかった可能性は十分にあります。

さらに、その場合、どんなことが起こっていたかというと、石田三成が政治の力を使って、家康を抑え込んだ可能性もあるのです。

というのも、昔、徳川家康は豊臣秀吉が戦った「小牧《こまき》・長久手《ながくて》の戦い」で、戦場では勝利したものの、秀吉はそこに政治力を振るって、朝廷や天皇を動かし、徳川勢をやり込めたのでした。その結果、徳川家は豊臣家の家来にならざるを得なかった。もし、家康が上杉の攻撃に遭い、会津からすぐに上方にとって返すことができなければ、戦いは長引いていたはずです。その場合、三成が政治的な動きをする猶予ができます。

石田三成たちが押さえていた京都、大坂などの辺りには、天皇もいました。もちろん、豊臣政権の跡継ぎである豊臣秀頼もいた。以前秀吉がやったのと同じように、政治的に働きかけることで、家康と渡り合えたかもしれません。もしもそうなっていたならば、本当に徳川家康が天下を取っていたかは、確実ではありません。

仮に徳川が天下人になれなかったとしても、やはり時代は武士の時代だったろうし、武士によって運営される、徳川幕府と共通点を持った政権が生まれていたことは間違いないとは思います。ただ、もしも上杉が徳川を背後から本気で襲っていたら、江戸幕府が生まれていなかったかもしれないのです。

第14章　もしも、毛利輝元《もうりてるもと》が大坂城に籠城したら…

関ヶ原の合戦の「本丸」は大坂城だった

関ヶ原の合戦に向かったとき、徳川家康の最終目標はなんだったのか。

この問いは、実はすごく大きな問題だと思うのですが、歴史学的にはほとんど議論されていません。

関ヶ原という土地での戦いに勝利しただけでは、家康にとっては十分ではなかった。家康の最終的な目標は、やはり大坂城を落とすことだったろうと僕は思います。

関ヶ原の合戦は、東軍の徳川家康と西軍の石田三成による戦いだと思われがちですが、あくまで西軍とは豊臣軍を意味します。西軍の総大将も三成や毛利輝元《もうりてるもと》ではなく、やはり豊臣秀頼と考えるべきです。

豊臣秀頼と徳川家康が天下人の座を賭けて争った合戦。それが、関ヶ原の戦いの真相です。だから、家康にとってこの戦いで重要だったのは、秀頼の首根っこを抑え込むため、彼のいる大坂城を自分の手の中に完全に収めることだった。

大坂城を自分の手に収め、秀頼の生殺与奪《せいさつよだつ》の権利を自分が握っているのだと天下に示すことが、この戦の最終目標だったはずです。

先にもご紹介したように、関ヶ原が戦場として選ばれたのは石田三成の都合です。家康にしてみれば、どこで戦うかはわからない。

三成が真田家に出している手紙では、「家康とは、三河国《みかわのくに》との国境で戦うつもりだ」と言っている。三河の国境とは、今でいう豊橋《とよはし》の辺りです。

あくまで三成にしてみれば、尾張《おわり》を全部制圧し、できれば豊橋辺りまでは西軍の支配圏にしてから徳川家康と戦いたいと思っていたのだと思います。

また、秀吉が取り立てた中では一番の家臣と言われ、現在の名古屋あたりにある清洲《きよす》に領地を持っていたのが福島正則《ふくしままさのり》ですが、手紙の中で、三成は「清洲の福島正則は我々の側にいて、味方になる」とも書いている。

実際には、福島正則は家康と一緒に会津攻めに行き、東軍につくのですが、三成は名古屋を抑えている福島が自分の味方だと思っていたからこそ、名古屋を越えて、さらに豊橋辺りまで支配地域を広げて行こうと考えていたのだと思います。

一方で家康にしてみれば、西軍の支配地域をこれ以上広げられるのは敵《かな》わない。早く何とか近畿地方に進出し、京都と大坂を押さえ、豊臣の世を終わらせたいと考えていたはずです。

家康に騙され、大坂城を逃げ出した毛利輝元

では、徳川家康が関ヶ原で戦っている時、家康にとって最終目標地であった大坂城はどうなっていたのでしょうか。

家康が留守にした大坂城には、秀頼を守るため、毛利輝元（一五五三―一六二五年）が入っています。それが、いまだに「西軍の総大将は石田三成ではなく毛利輝元だった」と言われる根拠になるわけですが、あくまで輝元は豊臣秀頼の補佐役であり、総大将は秀頼です。

ここで仮定の話をすると、もしも輝元がその気になれば、大坂城籠城というシナリオも

十分に考えられました。

ところが、関ヶ原で負けたことがよほどショックだったのか、石田三成敗戦の一報を聞いた後、輝元は臆病風に吹かれてしまいます。

そこに、徳川家康の意向を受け、さきほど名前が挙がった福島正則と黒田長政《くろだながまさ》が動き、輝元に対して「徳川様は、あなたのことを無下《むげ》には扱いません。家康様はあなたのことを大切に思っています」という手紙を出しました。

この手紙を受け取った輝元は、「徳川家康は毛利家の領地に指一本触れず、領地を減らすことはないと約束してくれた。ならば、私たちは大坂城を出ます」と受け取って、大坂城を出ていくという、まさに自分のことしか考えていない行動を取りました。

しかし、輝元が大坂城を出た後、手のひらを返したかのように、家康は「いやいや、領地に指一本触れないなんて約束はしてないよ」と言い出します。

しかも家康は輝元に、あなたが徳川を滅ぼそうとしていたのは明白だから、と切腹と全領地の没収を言い渡します。それを聞いた毛利側が、「さすがにそれは勘弁して下さい」と必死に頭を下げたため、切腹と全領地没収は免れることになりました。しかし、代わりに、長門国《ながとのくに》と周防国《すおうのくに》の二か国以外の領地は没収されます。

これまで百二十万石あった領地が、三十六万石と三分の一以下までに減るという大打撃を受けることになりました。

つまり、毛利輝元は、すっかり家康に騙《だま》されてしまったわけです。これについては、本当に愚かとしか言いようがありません。

戦国武将で一位、二位を争う武闘派・立花宗茂《たちばなむねしげ》

もし、関ヶ原での敗戦を受けた後であっても、毛利輝元がその気になり、大坂城に立てこもって「まだまだ戦えるぞ！」という所を見せていたならば、これは全然話が違ってきます。

というのも、大坂城はとてつもない名城であり、守備が固かったためです。

さらに、関ヶ原で西軍が敗戦したとはいえ、このときでも豊臣秀吉に恩義を感じている大名たちは少なからず存在していました。

彼らは、朝鮮出兵に行って散々苦労して、豊臣政権はもうこりごりだと痛感していたでしょう。でも、秀吉という人に取り立てられたという想いを持っていた。

その人たちにとってみると、秀吉の忘れ形見である秀頼に正面から戦いを挑むのはなかなか難しい。その意味でも、輝元が大坂城に味方と共に立て籠っていたならば、周囲から加勢する大名が集まっていた可能性は大いにあります。

ここで、仮に毛利が戦い続けていた場合、大坂城を守る上で、頼もしい戦力となっていただろう立花宗茂《たちばなむねしげ》という男をめぐるエピソードをご紹介したいと思います。

立花宗茂は、現在の福岡県に含まれる筑後国《ちくごのくに》の柳川《やながわ》の城主です。この地は北原白秋《きたはらはくしゅう》でも有名ですが、彼は、領地は十万石ほどながら、西軍の中でもピカイチの戦闘力を持っていました。朝鮮出兵に参加した際も、それはそれはすさまじい戦いをしたと言われています。よく、歴史好きのおじさんたちが、お酒を飲みながら「戦国武将で、誰が一番強かったのか」という話をする時に、必ず名前が挙がるのが、島津義弘と、この立花宗茂です。

もちろん戦争は数の勝負なので、二十万人もの軍勢を動かすことのできた豊臣秀吉や徳川家康が最強なのは間違いありません。ただ、バカバカしい空想の設定ではありますが、仮に兵の数をたとえば三千。同じに設定して兵力差をなくした前提で、誰が一番強いのかと問われたら、この立花宗茂が一、二番を争うほどに強かったのではないかと言う人は、決して少なくないのです。

さらに、柳川のすぐ隣の筑後国久留米《くるめ》の城主として、小早川秀包《こばやかわひでかね》という人物がいます。彼は毛利元就《もうりもとなり》の九男で、同じく十万石ぐらいの殿様でしたが、戦の際には立花宗茂とはよくタッグを組んで戦っていました。

この二人は合わせて四千人くらいの兵力しかありませんが、実に巧みに連携して戦うので、それなりの戦力になりました。小早川秀包も、関ヶ原の際は西軍として出陣していました。

ホタル大名・京極高次《きょうごくたかつぐ》成敗に重大な判断ミスを犯した石田三成

そして、これもまさに歴史のＩＦ（もしも）となる話なのですが、石田三成と西軍の致命傷ともなる、とんでもない事件が起きます。

というのは、関ヶ原の辺りまではおおむね西軍が制圧しおわったという時になって、京都に近い大津《おおつ》城の京極高次《きょうごくたかつぐ》という大名が、突然「俺は東軍に付くから！」と反旗を翻したのです。

京極高次はどういう人なのかと言うと、あの戦国随一の美女と言われるお市さんが生んだ、有名な美人三姉妹の次女であるお初の夫です。京極家は室町時代に守護大名を務めた名門です。ちなみに、この美人三姉妹の長女が秀吉の妻である淀殿で、三女は徳川秀忠の妻であり、家光の母であるお江《ごう》です。

京極高次には竜子《たつこ》という妹（姉という説もあります）がいたのですが、この女性も絶世の美人であり、秀吉の側室でした。淀殿と竜子は血縁でいえば従妹《いとこ》ですが、共に秀吉の寵愛を競う存在でもあったのです。

結果、淀殿が子どもを産んだので、勝負は淀殿が勝利しますが、この竜子さんも秀吉から深く愛された存在でした。

寵愛する竜子の家族ということで、一旦は落ちぶれていた京極家は、秀吉によって六万石ほどの大名として取り立てられます。ここが秀吉のうまいところで、領地の規模は小さいものの、京都に近い大津を京極高次に任せました。

言うなれば、北海道の平野に百坪もらうのではなく、銀座に十坪の土地をもらったようなものです。この厚遇に対して、周囲は、「お前は結局、妹が太閤殿下の側室だから、それだけいい領地をもらえたんだ。お前は妹のお尻で出世を果たし、光を放つホタル大名だ」と、散々にバカにしたみたいです。

そのホタル大名である京極高次が、突然反旗を翻し、東軍に味方した。

彼は周囲から「お前は妹の縁で……」と言われていたことを、よほど腹に据えかねていたのだと思います。ご本人が凡庸な人であったことは間違いないのですが、武士の意地を発揮して、突然「東軍に付く！」と言い出したわけです。

これに対して、石田三成は急ぎ、大津城へと兵を向けます。ところが、思いもかけぬことに相当に慌てたのか、三成は、このときに重大な判断ミスを犯します。

なんと、大津城を落とすために、自分にとって虎の子の戦力であった立花宗茂と小早川秀包の二人を中心とした、一万人もの軍勢を派遣してしまったのです。

あと一日大津城が持ちこたえていたならば？

冷静に考えれば、城を落とすためには、城の周りを取り囲んでいればよいだけなので、優秀な二人を派遣する必要はまったくなかった。

とはいえ、三成の命令を聞いた立花と小早川は、「はいはい。言われた通りに」と言って、大津城を攻め立てます。そして、彼らが大津城を落としたその日に、関ヶ原の戦いが勃発《ぼっぱつ》したため、立花と小早川の二人は関ヶ原の合戦には参加できませんでした。

三成は、おそらく関ヶ原の戦いはもう少し後にずれ込むだろうと予想していたからこそ、貴重な戦力となる二人を大津城へと派遣したのだと思います。ただ、それを考えても、本来ならば西軍で一番活躍しそうな二人を決戦のために温存しておくべきだったのに、なぜかそれをしなかった。

この采配は西軍にとって命取りになる、拙劣な決断だったと思います。

もしも、京極高次が「俺も男だ」というところを見せなければ、立花と小早川の二人が大活躍したはずなので、関ヶ原の戦いの様子もかなり変わってきていたはずです。そうすれば、当時はだんまりを決め込んでいた、当時随一の強さと言われていた島津義弘も動き出したでしょう。この三人がいたならば、戦力的には、西軍は負けなかったかもしれないという考え方もできるわけです。

ただ、この「関ヶ原と同じ日に城が攻め落とされた」という事実は、京極高次にとっても大きな影響がありました。

高次は最初に立ち上がったとき、西軍の中で一人東軍に付くと主張したわけで、討ち死にも覚悟していたはずです。でも、次第にその覚悟が鈍ってきて、「やっぱり死ぬのは嫌だな」と思ったのでしょう。まあ、それこそが人間なのでしょうが。

立花や小早川が大津城の城壁を乗り越えてやってきて、もう一巻の終わりと思われたその時、「自分は降伏する」と言い出しました。それに対して、立花と小早川も、「分かった。降伏するんだったら命は助ける」と請け合った。

京極高次は、淀殿の妹の夫だったので、上様である豊臣秀頼の血縁に連なる人物でした。だから、討ち取るのは止めて、命だけは助けようということになったのだと思います。

その後、高次は頭を剃《そ》って高野山《こうやさん》に行くことになったのですが、まさに彼が大津城を出たその日に、関ヶ原の戦いが終わったのです。

大出世のチャンスを逃した京極高次

ここでもまた、京極高次に関する小さな歴史のＩＦ（もしも）が考えられます。

もし、京極が、あと一日城に立て籠っていたならば。つまり、彼ががんばり抜いてあともう一日大津城で持ちこたえることができれば、関ヶ原の敗戦を聞いて、立花たちは攻撃をやめた可能性があります。そうしたら、城が落ちることはなかった。

また、この結果は、恩賞にも大きく影響したはずです。

東軍が勝った後、徳川家康が自分に味方した大名たちに褒美を分け与えますが、土地には限りがあるので、その人の頑張り具合によって、与える恩賞のグレードは変わっていきます。

伏見城を守った鳥居元忠のように、仮に京極高次が討ち死にしていた場合は、「よくやってくれた。よくぞ命を捨ててくれた」と、高次の息子とかにドカンと領地をくれたでしょう。もしも、自分が死なずに城を守りぬいていたとしても、たくさんの褒美をくれたはずです。

京極高次のやったことというのは、西軍最強の部隊を自分の城に引きつけたという非常に大きな功績です。そのおかげで家康は関ヶ原の戦いで勝利することができたと言っても、決して過言ではありません。

でも、高次の場合は、降伏してしまったので、若狭国《わかさのくに》で十万石という領地しかもらえませんでした。もっとも、若狭国は京都から近いし、六万石から十万石に増えたので、悪い話ではありません。ただ、あともう一日降伏せずに頑張っていれば、三十万石くらいはもらえていたのではないかと思います。

僕が「あと一日頑張っていれば、もっとたくさんの褒美をもらえたはずだ」と考える根拠として、田中吉政《たなかよしまさ》という大名の例があります。

立花宗茂は、その後、領地を全部没収されてしまったのですが、この宗茂の居城だった柳川に周囲の領地をくっつけて、三十二万石の大大名になったのが、田中吉政という人物なのです。

彼はなぜ、そんな大きな領地をもらえたのか。それは、この田中の部下が石田三成を捕縛したという、ただそれだけが理由です。

石田三成が関ヶ原から逃げ出した後、三成の居場所を特定し、捕まえたのでした。それを大いなる功績と認められて、この人は家康から三十二万石もの領地をもらったわけです。

だから、西軍きっての最強タッグを引き付けるという大功労者の京極高次も、あともう一日頑張っていれば、三十万石くらいもらっていても、決しておかしくはなかったのではないでしょうか。

大坂城を出たことで、自分の首を絞めた毛利輝元

さて、話を大坂城に戻します。

立花宗茂たちは、石田三成に「大津城を落とせ」と言われたから落としたものの、城を落としたその日に三成は敗北した。

けれど「自分たちはまだ負けてない」と敗北を認めず、宗茂は大坂へ行き、大坂城にいる毛利輝元に「このまま大坂城に籠城しましょう。俺たちはまだ戦える」と伝えます。

そこで、輝元が「よしわかった、これから負けた奴らを集めて大坂城に立て籠ろうじゃないか」と言っていたら、歴史の流れは今とは全然違うものになっていただろうと僕は思います。

立花宗茂のような戦の上手い人がいて、毛利の大軍は無傷なのです。彼らが大坂城という堅牢な城に立て籠っていたら、家康だってそう簡単には落とせなかったはずです。

しかも、大坂城には豊臣秀頼がいるわけですから、福島正則のように豊臣秀吉に取り立ててもらった大名たちは、秀頼に槍を向けることには躊躇があったはずです。

また、誰か知恵者がいて、天皇の命令で講和を結ぶ働きかけを行うなどしていたら、戦

いの流れ自体が変わっていたでしょう。その場合、戦争という形ではなく、もっと穏やかな形で徳川と豊臣の歴史も移行したはずです。そうなっていれば、我々では結末も見えないほどの、大きな「もしも」を感じさせる歴史に発展していた可能性もあります。

毛利輝元自身のことを考えてみても、もしもこのときに大坂城に立て籠っていたならば、交渉の余地のある戦いを展開できたでしょうから、領地をそこまで削られることはなかったでしょう。

しかし、残念なことに、輝元の頭の中にあったのは毛利家のことだけで、今後の世の中がどう動くかなどはまったく視野に入れていなかった。それが敗因となり、自らの首を絞める方向へと、歴史を動かしてしまったのでした。

本郷和人（ほんごう かずと）

1960年、東京都生まれ。

東京大学史料編纂所教授。

専門は、日本中世政治史、古文書学。『大日本資料　第五編』の編纂を担当。

著書に『空白の日本史』（扶桑社新書）、『日本史のツボ』『承久の乱』（文春新書）、『軍事の日本史』（朝日新書）、『乱と変の日本史』（祥伝社新書）、『考える日本史』（河出新書）。監修に『東大教授がおしえる　やばい日本史』（ダイヤモンド社）など多数。

装幀：小栗山雄司
写真：近藤　篤

扶桑社新書 353

歴史のＩＦ《もしも》

発行日 2020年11月1日　初版第1刷発行
2021年10月30日　　第3刷発行

著　者………本郷 和人
発行者………久保田 榮一
発行所………株式会社 扶桑社
〒105-8070
東京都港区芝浦1-1-1　浜松町ビルディング
電話　03-6368-8870（編集）
　　　03-6368-8891（郵便室）
www.fusosha.co.jp

DTP制作………株式会社 Office SASAI
印刷・製本………中央精版印刷株式会社

Printed in Japan　ISBN 978-4-594-08641-1